Annette von Bodecker
Das spielende Kind
in seinen Lebensräumen

W0011444

Annette von Bodecker

Das spielende Kind
in seinen
Lebensräumen

Luchterhand

1991

Die Deutsche Bibliothek — CIP-Einheitsaufnahme

Bodecker, Annette von:
Das spielende Kind in seinen Lebensräumen /
Annette von Bodecker. —
Neuwied; Berlin; Kriftel: Luchterhand, 1991
ISBN 3-472-00790-7

Inhalt

Vorwort

In den bewegten ersten Monaten des Aufbruchs in die deutsche Einheit habe ich dieses Buch geschrieben.

Es hat mich bei meiner Arbeit motiviert, daß viele Erzieherinnen aus den neuen Bundesländern um Unterstützung baten, die pädagogische Arbeit im Kindergarten neu zu durchdenken und von Konzepten zu befreien, die der individuellen Entwicklung des Kindes nicht gerecht wurden.

Viel Belastendes liegt hinter uns, hinter vielen Elternhäusern mit ihren Kindern.

Zur Kinderdiakonin (evangelische Erzieherin) wurde ich ausgebildet bis 1971. Danach arbeitete ich in verschiedenen evangelischen Kindergärten in Berlin. Für die pädagogische Arbeit in einem staatlichen Kindergarten wurde meine Ausbildung nicht anerkannt. (Eine nachträgliche Anerkennung der fachlichen Abschlüsse wurde allen evangelischen Erziehern in den letzten Wochen des Bestehens der DDR zuteil.)

Mit den praktischen Erfahrungen jahrelanger Tätigkeit und durch das Studium vielfältiger psychologischer, anthroposophischer und anderer pädagogischer Literatur erkannte ich die Notwendigkeit, daß man sich in diesem Beruf einem andauernden Lernprozeß stellen muß. Methodische Überlegungen für das Begleiten der Kindergruppe wollte ich daraufhin überprüfen, ob sie dem einzelnen Kind hilfreich sind. Aus den eigenen Fehlern habe ich wohl am meisten gelernt. Weiterbildungen im kirchlichen Bereich haben mir die Tür geöffnet zu einer ebenso erfüllenden Tätigkeit: Erzieherinnen und Erzieher für die religionspädagogische Begleitung in den evangelischen Kindergärten der neuen Bundesländer zu qualifizieren.

Wir erleben, wie abhängig ein Kind ist von der Persönlichkeitsentfaltung seiner Eltern, der Erzieherinnen und Erzieher, von gesellschaftlichen Strukturen und von dem Bild, das wir haben vom Werden und Wachsen des Kindes.

Im gesellschaftlichen Leben der DDR hatten Kinder einen nicht zu übersehenden Platz. Dieser Platz jedoch verlor immer mehr eine dem Kind gerecht werdende Sensibilität. Das Recht eines jeden Kindes auf eine Entfaltung nach *seinem* Maß war eingeschränkt. Das belegen die Maßnahmen und Zielsetzungen in den Plänen und Programmen für die pädagogische Arbeit in den Kindergärten, deren Gültigkeit nun erloschen ist. Ein Kind wurde nach seiner Geburt einem Entwicklungsschema zugeordnet, das Berechenbarkeit ermöglichte. Diese Orientierungshilfe wurde zunehmend zur festen Order für Beratung und Fachaufsicht in den Kindereinrichtungen. Aus dem guten Vorsatz, für unsere Kinder das Beste zu geben, wurde eine zur Blindheit führende Routine. Auf diesem Weg ist das Beste verlorengegangen. Das Kind. Nur wenigen ist es gelungen, die Vielfalt des Denkens und Erkennens im Raum der Pädagogik ungekürzt in die Eltern- und Erzieheröffentlichkeit zu bringen. Vorträge im kleinen Kreis, Aufsätze, per Handzettel verteilt, waren für viele Menschen wie Regen auf trockenen Boden.

Eltern und pädagogische Begleiter sind nun seit einem Jahr dabei, die Orientierung zu finden. Dabei empfinden wir manche Freiheit als rauhe Zugluft und manche Errungenschaft verdient ihren Namen nicht. Es gilt, wie im

Märchen vom Aschenputtel, das Gute vom Schlechten zu trennen. (Ihm halfen nur die Vögel, die sich lautlos erheben können und die Dinge aus einem ganz anderen Blickwinkel betrachten.)

Es ist seltsam. Wir haben unsere Kinder ganz nah bei uns, vielleicht sogar an unserer Hand. Und doch müssen wir sie neu entdecken. Ganz anders. Kinder sind uns anvertraut. Sie sind nicht unser Besitz.

In dem Buch, »Der Prophet«, von KHALIL GIBRAN, erschienen 1926 in New York, lese ich die Weisheit

Von den Kindern

Und eine Frau, die einen Säugling an der Brust hielt, sagte:
Sprich uns von den Kindern.
Und er sagte:
Eure Kinder sind nicht eure Kinder.
Sie sind die Söhne und Töchter der Sehnsucht des Lebens
nach sich selber.
Sie kommen durch euch, aber nicht von euch,
Und obwohl sie mit euch sind, gehören sie euch doch nicht.
Ihr dürft ihnen eure Liebe geben, aber nicht eure Gedanken,
Denn sie haben ihre eigenen Gedanken.
Ihr dürft ihren Körpern ein Haus geben, aber nicht ihren
Seelen.
Denn ihre Seelen wohnen im Haus von morgen, das ihr
nicht besuchen könnt, nicht einmal in euren Träumen.
Ihr dürft euch bemühen, wie sie zu sein, aber versucht nicht,
sie euch ähnlich zu machen.
Denn das Leben läuft nicht rückwärts, noch verweilt es im
Gestern.
Ihr seid die Bogen, von denen eure Kinder als lebende Pfeile
ausgeschickt werden.

Der Schütze sieht das Ziel auf dem Pfad der Unendlichkeit,
und Er spannt euch mit Seiner Macht, damit seine Pfeile
schnell und weit fliegen.
Laßt euren Bogen von der Hand des Schützen auf Freude
gerichtet sein;
Denn so wie Er den Pfeil liebt, der fliegt, so liebt Er auch
den Bogen, der fest ist.

Mit diesem Buch möchte ich Eltern und Erziehern von
Kindern im Kindergarten aus meinem Wahrnehmungs-
bereich und aus meiner Erfahrung heraus ein Bild vom
Kind nahebringen. Ein Bild, das keinen Rahmen trägt,
weil es einen lebendigen Mittelpunkt hat.

Es soll anregen, unsere Möglichkeiten auszuschöpfen,
um dem Kind, das neben uns geht, vor uns her hüpft, auf
unsern Schultern getragen wird, helfende Wegbegleiter
sein zu können. Das Kind lernt spielend. Es spielt, weil
das seinem Wesen zugehörig ist. Wo und wie das sein
kann? Kommen Sie doch mit! Ich möchte es Ihnen gern
zeigen.

Im Februar 1991   *Annette von Bodecker*

Ein Bild vom Kind

Wenn wir unsere inneren Augen schließen, an den Platz gehen, an dem wir tätig sind — vielleicht dahin, wo wir einmal ganz besonders gern waren, im Kindergarten, in einer bestimmten Gruppe, zu Kindern, die heute schon erwachsen sind, oder zu Kindern, die gestern grad die Ärmel naß hatten, bis weit über alles Erlaubte hinaus —, da können wir getrost stehenbleiben. In der Nähe von Kindern läßt es sich »gut stehen«. Viel schöner noch: Läßt es sich *gut leben,* wenn *gut* heißen darf
— wahrhaftig, ohne Ironie
— behutsam, fröhlich, sensibel;
wenn *leben* heißen darf
— gehen, ohne zu treten
— berühren, ohne zu verletzen
— hinschauen, ohne zudringlich zu sein
— hören, ohne auszuhorchen
— reden mit dem Klang meines verantwortlichen Lebens
— teilen, ohne wegzunehmen
— behüten, ohne zu beengen.

Um uns herum bewegen sich Kinder im Rhythmus ihres Lebens. Ihr Leben ist so jung und verletzbar, wie kleine, frische Blumen, die sich tags lange öffnen, dem Licht der Sonne entgegen. Das Vertrauen der Kinder ist ein Geschenk. An uns Älteren, Erfahrenen, die auf dem Weg durch das Leben schon ein Stück voraus sind, wollen sie sich orientieren.

Wir können sie uns alle anschauen: Klein und rund; dünn und ein wenig blaß; lang aufgeschossen mit einem klugen Kopf, tiefen, nachdenklichen Augen; den wilden

Lockenkopf, der alle Kraft braucht, um fünf Minuten zur Ruhe zu finden; die kleine Hüterin, die sofort für alles Verantwortung übernehmen möchte; den Träumer, von dem wir selten erfahren, wo seine Gedanken zu Hause sind (und wir können sicher sein, sie haben ein Zuhause!); das Fragekind, dem beim Erzählen von Geschichten die Ohren zu wachsen scheinen; das Kind, das nur Sicherheit spürt, wenn es in ständiger Tuchfühlung mit uns ist. Sie alle sind unverwechselbar und einmalig. Nichts wiederholt sich wirklich. Es gibt nur Ähnlichkeiten. Diese Ähnlichkeiten können uns positiv oder negativ berühren, weil wir Erfahrungen in uns tragen, die sich als eine Empfindung wahrnehmen lassen. Zum Beispiel: Wir haben mit einem Menschen eine Erfahrung gemacht, die sich als ein gutes Gefühl in uns speichert. Das wird abgerufen, wenn wir einem ähnlichen Menschentyp begegnen. Ebenso kann dieses Beispiel vom Negativen getragen werden. Auf unsere eigene Reife, auf das Bewußtmachen unserer Empfindungen kommt es an, wie aufgeschlossen wir allem Anderssein gegenüberstehen. Nichts, was lebt, kann dasselbe sein.

Ein Kind wird geboren. Allein dieser Weg in das Leben beginnt einzigartig. Mutter und Vater, Großeltern, die ganze Erbfolge der Generationen geben dem werdenden Leben ein genetisches Gepräge. Traditionen eines Volkes, einer Menschengruppe bilden den Boden. Klima, Landschaft, Umwelt und Kultur, Arbeitsstrukturen und soziale Bedingungen sind wie eine große Wiege für das Kind. Stadtlärm, Hochhausgeräusche, der belebte Hinterhof, die Eisenbahn oder das Gezeitenrauschen am Meer; der Stallgeruch auf dem Bauernhof, das Summen der Bienen in einem Kirschbaum, ja alles, was ein Kind wahrnehmen kann, wird zu einer Urmelodie für sein Leben.

Gibt es in einer Familie die eine Stimme der Mutter, oder wechseln die Stimmen der Geschwister, die tiefe Stimme des Vaters, das tragende Wort einer Großmutter? Stimmen tragen Worte hin und her, sie lassen sich als Atmosphäre wahrnehmen. Das hörende Kind differenziert und ordnet. Das tut es ja noch auf einer Ebene, die ganz im Verborgenen bleibt. Es übt dabei, die eigenen Instrumente immer feiner auszubilden, um eines Tages in die vertraute Sprachmelodie mit einzustimmen.

Hören wir uns wieder? Hören wir Fröhlichkeit, Lebendigkeit? Wagen wir es, zuzugeben, daß wir auch eine Disharmonie bemerken? Welch ein hohes Maß an Verantwortung ist uns gegeben, wenn wir bedenken, daß unsere Sprache uns darstellt, wie ein Bild aus unserm Innern. Die Kehle und der Mund sind ja im Grunde nur unsere Tontechniker. Eine gute Technik macht das Hören zum Genuß, doch der Inhalt wächst in unserer eigenen Tiefe.

Wie reich wird ein Kinderlebenstag, wenn alle Sinne »in Arbeit sind«, wenn sich Erlebtes wiederholt und zum Vertrauten wird. Können wir uns das noch vorstellen, wieviel Erfahrung ein Kind macht, jeden Tag, in jeder Stunde mit allen Sinnen seines kleinen Körpers?
Anfassen und befühlen
. . . (das kühle Holz des Bettes; die Wollpuppe; das weiche Schmusetuch; das knisternde Papier; die weiche, lekker-matschige Quarkspeise, das flauschige Hundeohr)
Greifen und damit begreifen
. . . (den eigenen Zeh, mit dem spitzen Zehnagel; das feuchte Band vom Jäckchen; die runden Knie; das Loch

in dem Rohr, wo das Wasser herauskommt; das süße Holz vom Puddingquirl)

Dieses lustvolle Tätigsein ermöglicht dem Kind vielfache Empfindungen und Gefühle. Das Ziehen an einer Tischdecke löst einen nicht vorhersehbaren Schrecken aus: Da fällt etwas herunter. Der kleine Verursacher nimmt den Schreck als Klopfen des Herzens wahr, er erlebt das veränderte Gesicht der Mutter, die härter klingende Sprache, empfindet das Weinen und ebenso das Streicheln und Wiedergutsein.

Tagein, tagaus Leben ausprobieren, kriechend, krabbelnd, gehend, hüpfend — Schritt um Schritt. Wenn das spielende, entdeckende Kind sich die Gesetze des Lebens auf Erden aneignen und verinnerlichen darf, dann braucht es eines Tages in der Schule diesen Erfahrungen lediglich die Formeln hinzuzufügen, denn im Grunde hat es längst *be*griffen.

Die Entwicklungspsychologie kann uns hilfreich sein in einem sinnvollen Begleiten der uns anvertrauten Kinder in ihrem elementaren Entwicklungszeitraum bis in das 7. Lebensjahr hinein. Sie ist entstanden durch jahrzehntelanges Sammeln von Erfahrungen, durch Beobachten, Vergleichen; durch das Aufzeichnen von Erkenntnissen und deren kritische Überprüfung; im Wissen darum, daß jeder Weg der Forschung lebendige Verzweigungen hat.

Der Begriff Entwicklungspsychologie wird mir zum Bild. *Ent*wickeln — da sehe ich etwas miteinander Verbundenes, ganz eng Beieinanderliegendes, das sich *ent*wickelt. Entfalten könnte ich auch sagen, jedoch falten kann man nur ein begrenztes Stück. Wickeln dagegen — das kann ein kleiner Faden sein, das kann ein sehr langer

Faden sein. Er entwickelt sich bis zu einem bestimmten Ende, wie ein Lebensfaden. Körperliches — seelisches — geistiges Entwickeln im Wechselspiel von Innen und Außen. Ich glaube, innerhalb einer jeden Weltanschauung bleibt diese Betrachtung der Einmaligkeit eines Menschen etwas Wunderbares.

Das Bild vom Lebensfaden greife ich noch einmal auf. Er ist das ganz individuelle Material des Menschen, der gerade in einem bestimmten Entwicklungsabschnitt lebt. Wir müssen schauen lernen, ob es zur Seidenstickerei geeignet ist, oder zum Leinentuch, oder für Teppiche, oder ob die Fädchen so dünn und so naturverbunden bleiben, daß wir ihre Aufgabe nicht mit dem ersten Blick zu erkennen vermögen.

Gut, wenn vorsichtige Augen schauen, behutsame Hände befühlen und verantwortlich gesprochene Worte mitteilen, was sich da entwickeln möchte.

Können Sie vor sich eine solche Entwicklung sehen, wo die Spannung zu groß ist, durch unsere Ungeduld? Da reißt oder überspannt sich hier und da der Faden. Es entstehen Knoten. Können Sie sehen, wieviel entwickeltes Material in Kurven herumliegt, weil es schnell rollt und nicht weitergeleitet wird? Ein arger Fitz könnte entstehen! Ein Wirrwarr zwischen dem kleinen und dem großen Menschen.

Mir möge ein jedes Kind verzeihen, wenn ich manchmal an solche Fadengeschichten denken muß, wenn es in meiner Nähe ist. Ich verlasse dieses Bild, weil es im Grunde nicht ernsthaft genug ist, das Kind in seiner feinen Kompliziertheit zu betrachten. Es hilft mir eben nur, einen Vorgang deutlich zu machen, in den wir täglich eingreifen. Ich sehe das mutmachende Eingreifen vor mir, methodisch sinnvolles Umgehen, das aber nur wirksam werden kann im Wissen um die Unantastbarkeit und die Würde des Kindes. Ich sehe aber auch vor mir das Nörgeln, das unbedachte Kritisieren, ein sinnloses Vermassen von Kindern. Manchmal wünsche ich mir, daß wir Pädagogen einen Ort wüßten, an dem wir unsere Beschwernisse ablegen dürften und unser Gewissen heil und neu werden dürfte für einen nächsten Tag.

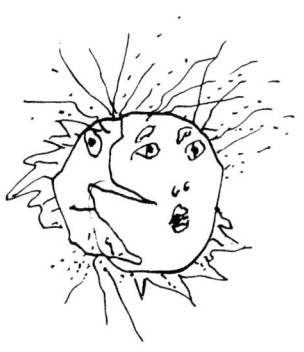

Das Märchen von den drei Geschenken
oder Über das Leben mit Kindern

Ein Weiser hatte einen schönen Tag auf Erden. Da sprach Gott zu ihm: »Drei Geschenke sollst du haben. Du darfst dir von jedem Ort eines nehmen. Schau her!« Der Weise wurde vor ein Mohnfeld geführt; leuchtend rot und wie im Tanz wiegten sich die Blüten. »Welche magst du pflücken?«, fragte Gott. Lange schaute der Weise. Von einer Blume zur andern. Dann bückte er sich und sammelte die winzigen schwarzen Samen in seine Hand, die eine überreife Blüte abgeworfen hatte.

In der Nähe des Mohnfeldes befand sich ein freistehender Baum. Er trug frisches Laub. In seinen Ästen wohnten die Singvögel. »Einen singenden Vogel möchte ich dir schenken«, sprach Gott. »Er soll dir helfen, die Freude nicht zu vergessen und die Dinge von Zeit zu Zeit von oben zu betrachten«. Der Weise setzte sich ins Gras und öffnete seine Ohren. Ganz behutsam. Die Vögel sangen, um ihrer selbst willen, das Lied vom Leben. Jubilierend, zwitschernd, tschilpend, rufend, ganz nach der Art. Die Töne gelangten in die Ohrmuschel, wurden im Innern zu einer Melodie. »Danke, ich habe, was du mir schenken willst«, sagte der Weise. »Nun«, sprach Gott, »darfst du vom Schönsten empfangen!« Er zeigte das Weltall, das sich wie ein guter Himmel über alles Leben beugt. »Schau! Die Sonne! Einen Lichtstrahl darfst du haben. Ich bin der Schöpfer des Lebens. Ich kann geben, was ich will.« Der Weise stand im Licht, schloß die Augen und fühlte nichts als Wärme. Wie durch ein Prisma verwandelte sich das Licht in die Farben des Regenbogens. Als er ganz erfüllt davon war, öffnete er die Augen. Gott schaute lange auf seinen weisen Freund und lächelte. Dann sprach er zu ihm: »Du bist angefüllt mit gutem Licht, du hast in dir eine gute, frohe Melodie, du trägst in deinen Händen etwas, woraus Neues entstehen kann. Was wirst du damit beginnen?«

»Ich lebe mit Kindern«, sagte leise der weise Freund und ging nach Hause.

... Wenn ein Kind in den Kindergarten kommt, da hat es sich schon lange entwickelt — sehr eigenständig — denn es ist sein eigenes, individuelles Material.

Wieviel Verschiedenheit sitzt da in einem Stuhlkreis, wie viele Urmelodien stimmen sich da aufeinander ab. Und meine eigene noch dazu! Könnte das — im Idealfall — die »Hohe Schule« der Pädagogik sein, daß wir wissen: jeder Mensch ist auf einem Entwicklungsweg vom Tag des Lebens bis zur Stunde des Todes? Die Kräfte der Phantasie eines fünfjährigen Kindes übertreffen meine Ideen, die Phantasie einer Vierzigjährigen, bei weitem.

Aber ich darf wissen, ich war auch fünf Jahre alt und dieser Schatz ist irgendwo in mir bewahrt, wie ein Erfahrungsguthaben. Ein sehr alter Mensch vergißt sogleich, wer vor wenigen Minuten angerufen hat, jedoch berichtet er präzise von den Erlebnissen seiner Kindheit und Jugend. Sie sind ihm nach und nach transparent geworden. Dafür können wir, die wir uns in der Mitte des Lebens befinden, gerade recht gut sachbezogen sein, weil wir sorgen müssen und planen für die kommende Generation. Das Leben hat alles gut bedacht für eine funktionierende Menschengemeinschaft. Wir müssen wieder ganz neu in den Blick bekommen, daß nur die Besonderheiten *zusammen* ein reiches Leben in Verantwortung möglich machen. Das Kind lernt am Alten, und der alte Mensch lernt vom Kind. Vorausgesetzt, wir lebten wieder unter Dächern der Gemeinsamkeit. Wir haben gelernt, uns diese Erde vertraut zu machen. Wir haben uns in jedem Lebensalter ein anderes Teil vertraut gemacht. So, wie auch die Entwicklung der Erde in den Jahrmillionen jeweils eigene Entwicklungen hatte, die alle aufeinander aufbauen.

Wer will sagen: ab wann ist der Mensch fertig?

Wer will sagen: ab wann ist die Erde fertig?

Wenn die Erde sich nicht mehr verwandeln könnte, müßte sie sterben. Das gleiche gilt für den Menschen. Beide sind aufeinander angewiesen. Im Moment denke ich — wie noch nie, seit es für uns die Zeit gibt. Wieviel Chancen geben wir uns beiden? Helfen wir Eltern und Pädagogen, daß Kinder ihre Entwicklung nach ihrem Maß vollziehen können, von uns durch Anregung, Vorbild, Verantwortung und echte Zuwendung bestärkt? Nehmen wir den so jungen Menschen ernst genug, ihm seine Bedürfnisse zu »erlauben«, die sein Leben erst reich machen?

Ein Kind braucht
Nahrung und Schlaf
Wärme und Licht
Liebe und Spiel
Geborgenheit und Freiheit.

Es muß träumen dürfen, und es braucht Stille dazu.

Es muß sich bewegen dürfen, und es braucht Platz dazu.

Es muß schauen und fühlen und schmecken dürfen, und es braucht Anregung dazu.

Es will neugierig sein und Neues ausprobieren, und es braucht Material dazu.

Es will fragen, und es hat ein Recht auf eine wahrhaftige Antwort.

(Wahrhaftigkeit ist der Lebensausdruck unseres Gewissens in seinem Erkennen von Gut und Böse. In dieser Polarität stehen wir alle.)

Ein Kind hat ein Recht auf Freude und das gleiche Recht auf seine Trauer. Es gibt kein Kinderleben ohne Leiderfahrung. Aber im Traurigsein muß ein Kind Nähe haben von einem vertrauten Menschen. Und in seiner Heiterkeit ist es beglückend, wenn der Erwachsene dieses Lachen teilen kann.

Ein Kind trägt verborgene Weisheit mit sich herum. Nur, wer sehr geduldig schaut, dem werden die Fensterläden aufgemacht. Es ist ein großes Geschenk, in das im Bau befindliche Haus eines Kindes schauen zu dürfen. Neben ausgepackten Schachteln (die Gaben des Lebens) liegen Eindrücke bunt verstreut. Erste Ordnungen sind gefunden, überdeckt von Bonbonpapier und ganz wichtigen Gedankenkombinationen. Aufgemalte Tränen bewacht ein heilender Traum, ein Streicheln und ein Kuß von der Mutter sitzen dicht dabei. Eine Büchse mit Modderpampe wird langsam trocken, eine Glasscherbe gibt Licht. Ein wenig erinnert so ein Haus an Weihnachten. Festglanz liegt über allen Dingen, Vorfreude des Auspakkens mischt sich mit Erschöpfung über all das viele, ja chaotische Durcheinander. Und *in sich selbst* schläft das Kind. Ruht aus für einen neuen, vollen Lebenstag.

Ein Kind kann trösten. Es streichelt mich mit kleinen braunen Erdhänden und schenkt mir die Taubenfeder, die es grad gefunden hat. Sollte ich solche Geschenke abtun? Verletzen? Ein Mensch, der oft verletzt wurde, verletzt selbst auch. Ein Mensch, der in Ruhe gute Gesichter betrachten darf, der groß werden darf ohne bittere Ironie und ohne Schläge auf Seele und Körper, dem wird das Bewahren und Aufbauen im Leben ein Bedürfnis werden, und er wird versuchen, Schwaches zu beschützen, weil er, als er schwach war, auch beschützt wurde. Laßt uns Anwälte unserer Kinder sein!

Zusammenfassende Gedanken zum Bild vom Kind

Mit dem Beginn des Lebens hat das Kind die Würde des Menschseins in seiner Einzigartigkeit zugesprochen bekommen.

— Die Würde des Kindes muß bewahrt und beschützt werden.

— Das Kind trägt in sich ein ganzes Leben. Es bringt unendlich viel Material für diese Lebensgestaltung mit.

— Dieses Material zu entfalten, zu entwickeln und zu erweitern, ist Bedürfnis des Kindes.

— Dem Bedürfnis nach kindlichem Tätigsein und Lernen müssen wir Erwachsenen behutsam den Weg bereiten.

— Das Kind ist in jeder Zeit seines Lebens vollendet, denn jede Phase der Entwicklung, von der Geburt bis zum Tod, ist in sich vollkommen und wertvoll.

— Neugierde und Tatendrang sind lebensaufbauende Bedürfnisse des Kindes. Mit jeder Erfahrung ist Entwicklung möglich.

— Jede negative und jede positive Erfahrung hinterläßt Spuren im Gemüt des Kindes.

— Freudige und angstfreie Umgebung hilft dem Kind, die geistigen Kräfte zu entwickeln. Angstbesetzte Umwelt, entwürdigende Kritik, Unüberschaubarkeiten des Handelns der Erwachsenen beengen und behindern (oder verhindern) die harmonische Entwicklung.

— So wie es auf der Erde kein Leben gäbe, ohne Licht und Wärme, so kann ein Kind nicht ohne Liebe und Zuwendung gedeihen.

— Grenzen können dem Kind Geborgenheit und Sicherheit geben, wenn sie für das Kind erfaßbar sind und vom Vertrauen zu den Menschen in seinem Umfeld getragen werden.

— Grenzen, die nicht das Bedürfnis nach Sicherheit stillen, sondern spontan und uneinsichtig vor das Kind gebaut werden (außer Gefahren- und Notsituationen), erfüllen nicht den behütenden Sinn, sondern ängstigen und verunsichern das Kind.

— Zu enge Grenzen nehmen dem Kind das Gefühl von erworbener Selbständigkeit. Sie können Entwicklungsschritte behindern oder gar wieder rückgängig machen.

— So wie der Tag seine Runde hat, vom Morgengrauen zum Dunkelwerden, so sehnt sich die kindliche Psyche nach dem sicheren Rhythmus von Wachsein — Träumen — Ruhen — Entdecken — Verarbeiten und Schlafen.

— Besondere Ereignisse im Leben empfindet das Kind wie eine Bergbesteigung. Es verschwendet in Freude Kraft für den Aufstieg, will oben verweilen und die Höhe genießen, um danach langsam träumend herabzusteigen in den Alltag. Dort erinnert es sich dieser Lebensbergbesteigung und webt sie spielend in seine Entwicklung ein.

Wenn das Kind fragt, braucht es eine sinnvolle Antwort.

Wenn es weint, braucht es helfenden Trost.

Wenn es friert, braucht es den schützenden Mantel.

Wenn es lacht, braucht es das frohe Verständnis.

Wenn es schläft, braucht es die liebenden Gedanken der Mutter, des Vaters.

Eine Pädagogin/ein Pädagoge sollte — verbunden mit der fachlichen Ausbildung — ein Mensch sein, der das Kindsein noch bewußt in sich trägt. Sie/er sollte sich diese Köstlichkeit bewahren, Leid und Glück des Kindseins verstehen, mit der ganzen ernsten und heiteren Verantwortlichkeit des Erwachsenseins.

Und wir leben mit der Gewißheit: Eine Mißachtung des kindlichen Lebens wird uns vergeben, wenn wir sie aufdecken und wiedergutmachen wollen. Aber nicht jede Mißachtung kindlichen Lebens wird beim Kind wieder gut.

Das ist die hohe Verantwortung unseres Lebens mit Kindern.

Vom Sinn des Spielens

»Spiel schön!« »Hör' auf, da rumzuspielen!« »Jetzt ist Freispiel!« »Spielt ordentlich!« »Spielt ihr verrückt?!« »Er spielt nur mit mir!« »Spielverderber!« »Ich will mitspielen!« »Ich spiel da nicht mehr mit!« Spielregeln.

Das Wort »spielen« reizt zum Wortspiel. Und mich lockt es, immer wieder neu, darüber nachzudenken, was das Spielen mit dem Bild vom Menschen zu tun hat.

In etwas hineingeboren zu werden, was man nicht kennt, weder außen noch innen. Kälte, Licht, Lärm, Fremdheit. Wenn ich mich erinnern könnte, wie mir zumute war, als ich geboren wurde, ich würde glatt behaupten: Es war unerfreulich! Das einzig Vertraute war die Stimme meiner Mutter.

Woher soll da Hoffnung kommen? Mitten im Chaos! *Was ist Leben? Wer bin ich? Wo bin ich? Ich bin einsam!* Und dann hab ich gewiß geschrien. Da beugt sich ein weltenkluger Mensch über mich und behauptet, ich hätte gar nichts bewußt gedacht; nichts von allem fragt ein Säugling! Na, da würde ich ja gern vorsichtig sein! Alles, was ich damals fühlte, das kann ich heute benennen und so lebt es in mir als ein erster, wesentlicher Eindruck aus der ersten Stunde meines Lebens.

»Geboren werden« heißt für mich: einen Raum geschenkt bekommen, den ich — nach den Gesetzen der Natur — so annehmen muß, wie er nun einmal beschaffen ist. Dort richte ich mich ein, mit dem Material, das mir eigen ist, mit den Hilfsgütern, die mir gegeben werden. Dieses Sicheinrichten dauert so lange, wie mein Leben. Eines Tages werde ich zeigen wollen, was da entstanden ist, werde danken können für gute, liebevolle Hilfe, und ich werde auch wahrnehmen können, wo es leer geblieben ist. So, wie ein Leben in Polarität steht zu den positiven und negativen Kräften, so wird es auch ein Spannungsfeld geben zwischen Reichtum und Mangel in allen Lebensbezügen, die wir kennen.

Eine kleine Erzählung vom Innen und Außen

Der Möbelwagen rollt davon. Die Männer hatten zu schleppen! Jetzt ist der Trubel vorüber. Ich sitze zwischen all meinem Hab und Gut. So müde und erschöpft!

Lange schon bestand meine Zeit aus der Vorbereitung auf die eigene Wohnung. Sehr beeindruckend waren die Angebote nicht. Immerhin: Eine kleine Küche mit dem Blick aus dem Hoffenster auf einen großen Kastanienbaum; ein geräumiges Zimmer mit Ofen, ein Innenklo. Der eigene Briefkasten! Mit Schlüssel! Gleich heute entdeckte ich Post. Einer meiner nettesten Lehrer aus der Schulzeit beglückwünscht mich zur *eigenen Behausung.* ». . . Gern säße ich jetzt eine Weile bei Dir. Wir würden einen Tee trinken und Du erzähltest mir, wie Du Dich einrichten willst. Ganz gewiß hast Du als erstes Deine Steinsammlung ausgepackt. Wo Deine Steine liegen dürfen, da bist Du zu Hause, nicht wahr?

Weißt Du noch? An jedem Wandertag hattest Du hängende Jackentaschen. Die Jungen nannten Dich Klamottensammler. Kannst Du Dich erinnern? Im Bachbett funkelte ein Stein. Wasser und Sonnenlicht hatten sich über die Steine gebreitet. Diesen einen wolltest Du unbedingt haben. Aus altem Geäst bauten wir einen Steg. Bäuchlings legtest Du Dich auf diese wacklige Brücke, angeltest mit den Fingerspitzen nach dem glänzenden Stück.

Wir mußten Dich an den Füßen festhalten, sonst hättest Du im kalten Bach gelegen. Wir mußten alle sehr lachen, und in mir wuchs der Wunsch, Euch alle gesund und trocken nach Hause zu kriegen. Ein Siegerglanz war auf Deinem Gesicht, als Du den Schatz in Deinen Händen hieltest. ›Jetzt glänzt er gleich nicht mehr!‹ sagte ich zu euch, ›der Stein ist trocken.‹ Du hast mich nicht angesehen, hast Deinen Schal um den Stein gewickelt und gesagt: ›Doch! Innen!‹

An diesen Moment muß ich denken, während ich Dir schreibe. Wenn Dein Raum um Dich Gestalt annimmt, dann sollen Deine Steine das Innen mit dem Außen verbinden.«

Das Innen mit dem Außen verbinden — *das äußere Erleben mit dem inneren Erleben verbinden, das ist der Sinn des Spielens für ein Kind.*

Das Spiel ist die Erlebnisform, alles Neue, Unbekannte zu entdecken, auszuprobieren und »im eignen

Hause« sinnvoll einzuordnen. Wenn wir davon ausgehen, daß unser Leben ein kontinuierlicher Lernprozeß ist, daß die Lebensbewältigung des Kindes in den ersten sechs, sieben Jahren (und noch darüber hinaus) spielend geschieht, dann ist jeder Spieltag ein Lerntag.

Mit dem Trieb des Spielens ist dem Kind das wesentliche »Gepäckstück« mitgegeben worden. Spielend entdeckt es die Mutter — als Liebes- und Nahrungsquelle, spielend entdeckt es den eigenen Körper. Spielend erlebt es die Dinge, die es in der ersten Lebenszeit umgeben. Alle Sinne, die einem gesunden Kind gegeben sind, werden geübt und wieder geübt, und die damit verbundenen Erfahrungen werden als Wohlgefühl oder als Unlust- bzw. Schmerzempfinden wahrgenommen. Wiederholung hilft dem Kind, Erfahrungen zu festigen. Es ist wie ein »Aha, ich hab's begriffen« und macht das Kind zufrieden.

Ein Beispiel für so ein frühkindliches Spiel (Hierbei geht es leider gar nicht um die »liebe Müh« der Mutter, allein um die Lernerfahrung des Kindes.): Das kleine Söhnchen sitzt schon im Bett. In der Hand hält es ein Bauklötzchen. Immer wieder hat es den Holzgeschmack im Mund gespürt, hat die Kanten gegen den Druck der wachsenden Zähne eingesetzt, hatte Mühe, den Klotz loszulassen und erneut zu greifen. Nun ist etwas passiert, was die ganze Lage verändert: der Holzklotz ist aus dem Bett gefallen. Bang! Er ist weg. Frühere Erfahrungen haben gezeigt, daß — wenn man leise ruft — nicht sofort die Mutter kommt. Aber mit einer gewissen Ausdauer, dann ja! Sie kommt, lächelt, hebt das Klötzchen auf, streichelt ihren Sohn . . . und verschwindet. Wie war das? Klotz greifen, den Arm in die Höhe, loslassen, Bang!

Etwas warten, laut schreien, da ist sie wieder! . . . Dieses Spiel hat zwei Ebenen. Die Beziehungsebene der Mutter zum Kind und die Lernebene: ein Stück von sich wegwerfen, erleben, wie es zu Boden fällt, ein Geräusch macht und nicht von allein zurückkommt. Eben nur in Verbindung mit der Mutter. Wenn die Mutter die Geduld aufbringt, dieses Spiel mehrmals mitzuspielen, ihre Freundlichkeit nicht verändert, dann macht das Kind relativ schnell eine wesentliche Erfahrung, die später dem großen Schuljungen als Gesetz der Schwerkraft vorgestellt wird. Hätte er nicht tausendfach, beobachtet und unbeobachtet, solche spielenden Erfahrungen gesammelt, ihre Spielqualität erweitert, dann könnte er im Schulalter nicht so »einfach« begreifen, was Naturgesetze bedeuten. Er hat es *spielend verinnerlicht.*

Wenn Kinder etwas Neues erfahren, begriffen, gelernt haben, greifen sie selten auf ältere Entwicklungsphasen zurück, es sei denn, das Kind ist unsicher oder durch Außeneinflüsse eingeschränkt. Als unsere Tochter das Laufen lernte, da sagte sie bei jedem Schritt sehr feierlich: »Oh!« Und wenn es an der Tür klingelte, dann ließ sie sich blitzschnell auf die Knie fallen und krabbelte, einem Wiesel gleich, zur Tür. In solchem, gewiß freudigem Erregungszustand mußte sie auf das neu erworbene Laufen eben, um der Sicherheit und Eile willen, verzichten. Wenn sich der Trubel gelegt hatte, stand sie behutsam wieder auf und zeigte sich dem Gast mit dem freudigen Ruf: »Oh!«

Längst hatten die Knie vom Rollerfahren Schrunden, längst ist der angelutschte Holzklotz einem kräftigen Kaugummi gewichen, da wird das alte Kriech- und Krabbelspiel ganz bewußt eingesetzt. Die Körperbewegung ist so trainiert, daran braucht das vierjährige Kind keinen Gedanken mehr zu verschwenden. Nein, jetzt lebt es ja grad in der Rolle eines wilden Hundes. Der kann auf leisen Pfoten gehen, bellt zum Fürchten und springt sogar »nur böse« Leute an. Er will besänftigt werden. Ja, er muß besänftigt werden! Damit das Kind wieder aus seiner Verwandlung erlöst werden kann. Der beruhigt schlafende Hund unterm Sofa ermöglicht es, daß still und leise das zurückverwandelte Kind vor mir stehen kann und fragen: »Na? Schläft er?« Er kann dort lange schlafen. Er kann aber auch mehrmals am Tage wiederkommen. Dann ist es sehr gut möglich, daß eine Angst, die im seelischen Bereich des Kindes lebt, auf den Hund übertragen wird, um mit diesem Gefühl fertigzuwerden. Für das Kind wäre es schlimm, wenn es aus seiner Rolle zu früh herausgenommen wird, vielleicht mit solch einem Satz: »Ach Max! Hör doch auf zu bellen und mir am Schuh zu schnüffeln! Du machst dich doch schmutzig, und außerdem bist du kein Hund!« Ein Kind mit häufigen Erfahrungen dieser Art wird sich erheben, »gehorchen«, jedoch unbefriedigt sein. Hilfreicher wäre es, wenn wir so reagieren könnten: »Oh! Ein Hund! Wie heißt du denn? Möchtest du Futter von mir haben? Erzähl mal, warum du so heftig bellen mußt. Ob ich wohl die Hundesprache verstehe?« In diesem Falle nimmt der Erwachsene die Spielrolle des Kindes ernst, bietet damit die Möglichkeit an, innerhalb des Rollengeschehens zu helfen (manchmal kann man ja wirklich die Dinge, die einen bedrücken, als Hund besser sagen, als in ungeschützter Menschenlage!) und kann behutsam das Rollenspiel beobachten. Es kann geschehen, daß ein Kind aus seiner Rolle nicht herausfindet, weil es sich im eignen

Spiel überfordert hat. Hier kann ein überlegtes »Zuendespielen« mit dem Erwachsenen zusammen mit dem Kind wie eine Erlösung sein. Es hat mit unserer Fähigkeit zu tun, wie gut wir beobachten können, wie sinnvoll wir kombinieren können und wieviel Fingerspitzengefühl uns nach und nach gewachsen ist. Im Begleiten des Kindes in seinem Spiel können wir viel Wissen, viel Methodik erworben haben; wenn uns der Ernst fehlt, das Spiel des Kindes so nötig zu finden, wie unsere Arbeit und unsere Lebensaufgaben; wenn uns der Humor fehlt, der uns die Köstlichkeiten des Spieldialogs erschließt, und wenn uns das Wissen um die Gleichwertigkeit von Kindern und Erwachsenen fehlt, dann hat alles Mühen die halbe Wirkung. Das Spiel kennt keine Grenzen! Alle Erlebnisse, Gefühle, alle offenen Fragen, alle Kenntnis und alles Nichtverstehen fließen ein in das Spiel. Das Spiel wird begleitet von der Aussagekraft des kindlichen Körpers. Es wird begleitet von der Sprache, die mit dem Ordnen und Sortieren im seelisch-geistigen Bereich an Reichtum und Schönheit gewinnt. Friedrich Fröbel hat etwas beschrieben, das war mir so modern und aufregend; heute tun wir manchmal so, als hätten wir grad eben den Stein der Weisen entdeckt. Ich möchte es zitieren:

»Es ist dem Kinderleben eigen, die Thätigkeit so innig mit dem Gegenstande zu verknüpfen, daß sie oft aus dem Gegenstandsworte, verbunden mit dem Zeichen der Thätigkeit an sich, unmittelbar das Thätigkeits(Zeit)wort bilden. Man lasse dies, sie werden dadurch später leicht das Eigenthümliche anderer Mundarten verstehen, so sagt man in einem Theil der Schweiz anstatt, ›wieviel Uhr ist es?‹ kurz weg: ›was uhrets?‹ — So sagte ein Kind anstatt: ›ich will im Fuhrweg spielen‹ kurz weg: ›ich will fuhrwegen.‹« [*]

Maria ist drei Jahre alt. Wir gehen durch den Park, wollen den Berg hinauf. Der Weg führt in Kurven in die Höhe. Maria hüpft vor mir her und singt rhythmisch dazu: »Ich seh das Ende nicht! Ich seh das Ende nicht!« »Welches Ende?«, frage ich. »Na vom Weg!« Spielend hatte sie das, was sie wahrgenommen hatte, umgesetzt in den hüpfenden Schritt, der genau zur Linienführung des Weges paßte. Kurz vor dem Ziel hält sie plötzlich inne. Ich bemerke, wie ein Schrecken durch den kleinen Körper fährt. Uns kam ein Mann mit einem schwarzen Hund entgegen. Der große Wolfshund kam auf Maria zu. In diesem Moment drückt sie die kleinen Beine durch, klopft energisch mit der Hand auf ihre winzige Umhängetasche und ruft energisch: »Mia hat großen Wolf inne Tasche!« Grade in diesem Augenblick reagierte der Hund auf seines Herrn Pfiff und drehte ab. Maria ging erhobenen Hauptes an dem Tier vorbei, angstfrei und siegessicher. Ich glaube, ihr hat weniger der Pfiff des Hundebesitzers geholfen — den hat sich nicht einmal wahrgenommen — als vielmehr ihre Phantasie, die ihr in der Not einen ebenso großen Wolf bescherte.

An einem Abend sind wir auch in diesem Park. Wir sind zu fünft und schlendern auf dem breiten Hauptweg. Eine Gruppe junger Männer kommt uns entgegen. Alle sportlich im Joggingdress und entsprechend beweglich. Da ruft Maria: »Achtung! Rentner!« Das Rennen hatte sie gleich sinnvoll übersetzt. In dem allgemeinen Gelächter stand sie etwas hilflos da. Diesen herrlich reinen Verbalismus wollte ich ihr doch nicht zerpflücken. Mit diesem Lachen konnte sie gewiß auch leben.

* Friedrich Fröbel: Mutter-, Spiel- und Koselieder. Volk und Wissen Volkseigener Verlag, Berlin 1984, Seite 21

Schlimm ist es, wenn Kinder bloßgestellt werden, in dem ihr Spiel »verraten« wird, oder ironisch weitererzählt wird. Das feine Empfinden für Wahrhaftigkeit macht es einem Kind unmöglich, mit Ironie umgehen zu können. Etwas, das ich sage, ins Gegenteil von dem zu verkehren, was ich eigentlich meine, kann ein Kind nicht begreifen. Es hört nur das Unechte im Klang der Stimme. Das macht ein Gefühl der Unsicherheit, wie wir Erwachsenen es untereinander ja öfter erleben. Solche Sätze: »Fein, daß du die Puppe so ins Bett knallst! Davon wird sie täglich besser!« sind schlimm. Sie zeigen die Aggression der »erwachsenen« Begleiter und helfen dem Kind nicht, sein Verhalten zu ändern. Auch die vorgetäuschte Anteilnahme hat zerstörerische Kräfte, die einer Kind-Erwachsenen-Beziehung schaden kann. Ein Kind zeigt der Erzieherin den eben beendeten Fassadenbau. Erstmals gelungen und ganz allein! Es ruft: »Guck mal, Frau Sommer, was ich gebaut habe!« Die Erzieherin hebt nur andeutungsweise den Kopf und sagt teilnahmslos: »Fein, mein Junge! Schick! Du bist toll!« Hier wollte doch das Kind nicht wissen, wie es ist, sondern nur eine Beachtung seiner Arbeit erfahren. Sinnvoller ist vielleicht, zu antworten: »Du, ich hab schon richtig drauf gewartet, daß du es ohne Hilfe schaffst. Jetzt bist du froh, stimmts?« Begriffe wie zum Beispiel »Schick« und »schau« können im Grunde nichts beschreiben, was mit dem schaffenden Kind zu tun hat. Man sollte sie in ein Loch sperren, gleich mit ein paar anderen zusammen (Süßer, Dicker, Kleiner, Trotzbock, Zicke) und fest verschließen. Solche »Titel« legen das Kind auf ein Verhalten fest. Sie wirken im negativen Bereich als Verstärker. Ein Kind mit Defiziten kommt schwer allein aus solcher Festlegung heraus.

Im Bild vom Kind versuchte ich zu beschreiben, wie eng das Leben des Kindes, seine ganzheitliche Entwicklung, mit dem *Lebensraum* verbunden sind. Wenn ein *Dorf* die Umgebung bildet, eingebettet in eine besonders geartete Landschaft, dann wird natürlich alles Spielen in der Entdeckung dörflichen Lebens sich gründen: Hausböden und Scheunen bieten unerschöpfliche Möglichkeiten. Gärten mit altem Baumbestand geben zu allen Jahreszeiten den Sinnen zu tun. Buden werden gebaut, Heuhaufen laden zum Springen ein, die Schaukel hängt am starken Ast des Apfelbaumes, hinter der alten Kirchmauer sind die besten Verstecke, zum Turm hinauf muß man zweiundfünfzig Stufen klettern, wer verzählt sich? Von dort oben fliegen die Papiertauben weit über unsere Dächer. Dort ist unser Haus, und dahinter deins! Wer zählt die meisten Schornsteine? Im Keller, beim Bäcker, steht noch eine hölzerne Teigwanne. Manchmal nimmt er uns mit hinunter. Im Laden duftet es nach frischem Brot. Mit Kuchenstreifen im Mund jagen wir uns durch die Wiesen. In Vaters Riesengummistiefeln gehen, ohne umzukippen, die Katze ins Puppenbett legen in der Hoffnung, daß sie ein einziges Mal drinbleibt, bis die Großmutter guckt. Abends mit einem Kerzenstummel am warmen Ofen malen, eine zwanghafte Malsucht, die jedesmal wieder ein schlechtes Gewissen macht. Und schließlich im Bett liegen, das Pferd im Stall hören, wie es klopft und mit den Hufen kratzt. Vater sagt, es träumt. Immer wieder Erlebtes, Alltägliches, und doch auch jeweils erweitert und neu, weil das Kind vom Frühjahr zum Sommer die Dinge aus einem anderen Blickwinkel sehen kann, vom Herbst zum Winter größere Strecken schafft, länger die windige Kälte aushält und vielleicht öfter am

Abend ein bißchen länger aufbleiben darf. Meine Großmutter hat mir beim Zubettbringen erzählt: »Heut fallen
wieder Sternschnuppen. Wünsch dir einen schönen
Traum!« Ich lag hellwach im Bett. Durch das Fenster
konnte ich den Himmel erkennen. Dieses intensive
Schauen und Erwarten macht gewiß besonders müde.
Mit einem Gefühl von Sehnsucht bin ich eingeschlafen.
Am anderen Morgen bin ich in den Garten gelaufen,
habe mit spielender Gründlichkeit alle Beete, Ecken und
Wege abgesucht, weil ich überzeugt davon war, es müsse
— wenigstens ein winziges Stück — eine besondere
Zacke von einem Stern zu finden sein. Dieses kleine,
unerklärbare Reich der Verzauberung kann für ein Kind
wie ein winziger Kristall sein, der wachsen will, damit er
später einmal wie ein Prisma in uns wirken kann.

An ein Rollenspiel kann ich mich erinnern. Es gehört
in die Zeit, wo wir in einem uralten Pfarrhaus lebten:
Vom Korridor führt eine steile Bodentreppe hinauf, un-
ters Dach. Dort fällt das Licht durch kleine Bodenfenster.
Im Lichtkegel flimmert der Staub. So alter Staub riecht
seltsam. In der Ecke stehen zwei alte Kirchenstühle, vom
Holzwurm zerfressen, mit weinrotem, zerschlissenem
Samt bezogen. Dort spielten Michael und ich König und
Königin. Wir hatten eine alte Kiste mit Lumpen gefunden, wundervolle Lumpen. Des Königs Krone war ein
Metallkranz von einer alten Lampe und das kleine Haupt
der Königin war über und über mit Spitze belegt. So war
es, wenn wir regierten. Da durften wir uns kaum bewe-
gen, damit uns all der Zierrat nicht vom Kopf rutschte.
Irgendwann bekamen wir auch ein kleines Königskind.
Das war — glaube ich — sehr heimlich, aber wir sind
damit wohl gut zurechtgekommen und fanden alles wun-

derbar. Dieses Kind war besonders schön. Es war nicht mein »Schlummerle«, das lag ja in meinem »bürgerlichen« Bett und wartete auf meine Verwandlung. Nein, es war eben ein Königskind. Eine alte Porzellanpuppe, die eine sehr weiße Haut hatte. In ihren Haaren roch es nach Parfüm. Parfüm aus einem Flakon meiner Mutter. Eine Diebestat! Aber es war nur wenig und der König hatte es erlaubt. Geliebt habe ich das Königskind wohl nicht. Es war da. Es war ein Teil unseres Spiels und ein Zeichen unserer kindlichen Erfahrungen.

Wenn König Michael zur Jagd ging, wußte ich, daß er genug still gesessen hatte, sich nun einem wirklichen Jagdtreiben hingab, das uns eine Verwandlung ermöglichte. Zepter, Krone, Spitzen und unsere Königssprache legten wir in die Kiste. Während Michael wie der Wind auf dem Treppengeländer herunterrutschte, hatte ich Zeit, in Großmutters Stube zu gucken. Sie war um diese Zeit in der Küche, im Garten oder überall, wo Arbeit getan werden mußte. Da »durfte« ich ein wenig bei ihr herumgeistern. »Geisterst du schon wieder in meiner Stube herum?« Da roch ich an ihrem Taschentuch und an ihrem Halssamtbändchen. Ich glaube, das war ein wenig Lavendel und Großmutters Haut, so ein Gemisch. Ich fühlte mich wie in dem Zimmer von Rotkäppchens Großmutter. Ein weiß bezogenes Bett, ein Tisch, zwei Stühle, auf einem lag ein rundes Wollkissen, auf dem andern hing irgendein Kleidungsstück. Auf dem Fensterbrett — der Blick ging übers alte Satteldach, an der Lindenkrone vorbei, in den weiten Garten hinein — stand ein Blumentopf mit Zitronenmelisse. Ich brauchte nur ein wenig das Blattwerk zu berühren, um den herrlichsten Zitronenduft zu haben. Das Einfache, Reinliche in Großmutters Zimmer ist mir heute noch ein Bild der Ruhe und der Stille.

Michael hat gejagt. Vor der Schuppentür, mit einem Teppichklopfer — Mäuse. Es muß ein Mäusejahr gewesen sein. Das halbe Dorf sprach über nichts anderes. Die Katzen wurden nicht fertig. So hatte wohl der sechsjährige Michael den Jagdtrieb seines ganzen Lebens befriedigen können. Jetzt galt es, die Würde des Todes zu bedenken. Wir hatten uns im Tanneneck, an der alten Hofmauer, einen Mäusefriedhof angelegt. Die Leichen wurden auf ein Holzbrett gebettet, dann legten wir die Talare an. Wir hatten beide einen, weil wir uns nicht entscheiden konnten, wer der Totengräber und wer der Geistliche sein sollte. Bei so vielen Beerdigungen müssen zwei die Totenrede halten, so entschieden wir. Mit einem Kreuz und einem Gänseblumenstrauß zogen wir mehrere Runden um die Linde, bis wir zur eigentlichen Beerdigung die kleinen toten Mäusefellchen besangen und mit großen, bewegenden Worten in ihren Mäusehimmel schickten.

Innerhalb eines Jahres konnte ich mehrere *echte* Beerdigungen miterleben. Von unserm Kammerfenster aus. Da war es das Natürlichste von der Welt, nach unserer Amtshandlung mit Michael gut zu essen. Irgend etwas fanden wir immer. Selten hatten wir Gäste beim Leichenschmaus. Alle gingen an uns vorüber: »Müßt ihr denn immer Beerdigung spielen?« Ja, das mußten wir wohl. Erst später, als ich mein Schlummerle begrub und spürte, wie schlimm das war, da lebte diese Erfahrung für immer tief in mir. Es gab dieses Spiel nicht mehr. Schlummerle lag, unachtsam vergessen, neben dem Eisenöfchen im Kinderzimmer. Die Hitze hatte ihm bös zugesetzt. Vielleicht sollte das Kind aus dieser »Verpuppung« sich befreien? Vielleicht mochte es gar nicht mehr schlummern, sondern hellwach sein?

Wenn ich heute zurückschaue in meine Kinderzeit, dann erinnere ich mich dankbar an die Landschaft zwischen Meißen und Dresden, an das Dorf mit seinen Obstgütern, an Menschen, die für mich Zeit hatten. Sie hatten Zeit in einem ganz einfachen Sinn: Sie taten ihre Arbeit, als würde ich gar nicht stören. Sie gaben mir einen Apfel aus dem Pflückkorb, sie legten mir Büropapiere zurecht, alte, unbrauchbare, auf denen ich malen konnte, sie erklärten mir, was sie da gerade taten als Bauer, Küster, Gemeindehelferin, als Bäcker, Fleischer, Fährmann. Zwischen diesen Menschen und ihrer Tätigkeit gingen meine Spiele hin und her, wie kleine Verbindungswege. Auf diesen Wegen traf ich Freunde. Wir wuchsen dort heran im Lauf der Jahreszeiten, in der Vorfreude auf die großen und kleinen Feste, mit dem ganz eigenen Gepräge dieser Gegend. Die Mundart, der Witz, die Lieder, die Festbräuche und die Landschaft werden in meiner Erinnerung ein Ganzes. Eine verinnerlichte Kindheit.

Kinder, die in einer *Stadt* leben, machen gewiß andere Erfahrungen. Eine Zeitlang war ich überzeugt, daß Stadtkinder Spieldefizite haben müßten. Ich würde nach meinen Beobachtungen heute beschreiben: Kinder in der Stadt brauchen stärker die *Vermittlung*. Zu Hause, in der vertrauten Umgebung sind die Spielmöglichkeiten ganz gleich. Das Innen-Außen-Spiel braucht ja nur ein geringes Umfeld.

Nach und nach, wenn der Spielradius größer wird durch die Entdeckertätigkeit des Kindes, da sind Erwachsene in der Funktion von Wegbereitern nötig. Ich denke mir ein Kind in einem Mietshaus. Es wohnt in der

3. Etage. (Denken wir einmal im Vergleich an ein ebenso altes Kind in dörflicher Umgebung!) Es möchte gern die Wohnungstür öffnen und hinausschauen. Die Tür ist abgeschlossen. Es möchte von der Fensterbrüstung gucken. Es wird gewarnt. Der Wunsch, nach draußen zu gelangen, wird größer. Es erlebt zunehmend die Abhängigkeit von einem Erwachsenen, beginnt zu fragen, zu bitten, gerät in einen *Spannungszustand.* Normalerweise gehört es in den Alltag des Kindes mit hinein, daß ein wenig Geduld vonnöten ist im Umgang miteinander. Geduld ist aber nur dann eine brauchbare Sache, wenn sie die Erwartungshaltung nicht ermüden läßt. Ein kleiner Mensch hat eine kleine Erwartung, eine kleine Geduld und eine altersspezifisch begrenzte Möglichkeit, lange eine Spannung auszuhalten. Mit der Erfüllung von solchen kindlichen Erwartungen, mit der positiven Einstellung zum Geduldhaben wächst ja eine Lebenshaltung heran. Wir erleben Menschen, deren Geduld ist etwas Großes, Sinnvolles. Sie haben eine dazugehörende Erwartungshaltung nicht zu Grabe getragen. Wir erleben aber auch Menschen, da ist aus Geduld Resignation geworden. Menschen, die in ihrer Erwartungshaltung getäuscht wurden, wo nur noch an der Sprache des Körpers ablesbar ist: »Ach, laßt mich doch in Ruh!« Die ersten, oft wesentlichen Erfahrungen dazu macht der Mensch in seiner Kindheit. Hierbei geht es nicht um die Erfüllung von allerlei materiellen Wünschen, die in einer Konsumgesellschaft, mehr als sinnvoll wäre, in die Welt des spielenden Kindes getragen werden. Es geht um eine überschaubare Verläßlichkeit der Menschen, die am innigsten mit dem Kind verbunden sind: »Du, ich bastel morgen mit dir den Drachen, und dann lassen wir ihn im Wind aufstei-

gen!« Da sind Vorfreude, Anreiz, Lust zum Tätigsein in einem Satz enthalten. Aufgebautes Glück aus Worten. Wenn sie nicht gehalten werden?! Der Wind kann nicht wehen, die Zeit reicht plötzlich nicht, ein wenig wird das traurige Kind es zu verstehen suchen. Wenn jetzt, in dieser erfahrenen Enttäuschung neue Aussicht auf Erfüllung winkt, dann ist es gut. Aber das Versprechen-und-nicht-Halten geschieht zu oft. Wir überlegen in all unserm Tun nicht ernsthaft genug, welche Folgen es hat, auf etwas Freude zu entlocken, die wir nicht für das Kind erlebbar werden lassen.

Ein *Stadtkind* hat nun vielleicht Erfolg gehabt. Die Mutter nutzt ihren freien Tag und schenkt ihn ihrem Kind. Was gibt es zu erleben, zu entdecken, zu begreifen: Treppenstufen, die hinab- und wieder hinaufführen; Haustüren mit schweren Beschlägen, eine jede sieht anders aus; große und kleine Straßenpflastersteine; auf die Striche zu treten, ist verboten; paßt der Fuß noch auf einen einzigen Katzenkopfstein? Die Mutter braucht zwei. Das Halteschild für den Bus ist doppelt zu sehen, mit welchem Bus werden wir fahren? Warum haben Busse Nummern? Viele fremde Gesichter kann man anschauen. Dünne und Dicke, Freundliche und Merkwürdige, Menschen, die miteinander erzählen, lesen oder etwas essen; die ihren Hund streicheln, den Kinderwagen schukkeln, den Koffer zwischen die Beine stellen, damit er nicht umfällt. Ein Bilderbuch vom Sozialverhalten der Menschen — gezeigt und vertont während einer Fahrzeit von zehn Minuten. Solche Bildeindrücke werden vom Kind wahrgenommen, manches bleibt sofort umsetzbare Erinnerung, anderes sinkt tiefer und kommt in einem Spiel aus dem seelischen Bereich wieder zum Vorschein.

Die Fahrt im Bus kann zum Stadtrand führen, zu den interessanten Übergängen zwischen Stadt- und Landcharakter. Die Häuser werden von Gärten gehalten, die Straßen sind kürzer, kleine Grünsiedlungen lockern das Stadtbild auf, geben eine würzigere Luft. Auf den Wegen liegen die kleinen Steine locker, mancher lockt, ihn aufzuheben. Der Ahorn wirft seine Nasen ab, in Hülle und Fülle. Schnell wird das Kind zum Nashörnchen, zum Vogel oder Nasenzwerg. Neben der Lust am Entdecken, Aufsammeln und Spielen prägen sich fast nebenbei der Name des Baumes und der Samenhülle ein. Am Teich ist noch viel mehr zu entdecken: Eine Ente steckt ihren Kopf tief in's Wasser, die andere steckt ihn unter den Flügel. Letzteres lohnt, sofort auszuprobieren, während der Versuch mit dem Wasser ein Gespräch über nasse Köpfe, Schnupfen und übereiltes Nachhausefahren in Gang bringen könnte. Warum etwas schwimmt, anderes untergeht, das kann gleich ausprobiert werden. Der flache Stein titschert übers Wasser (wenn's die Mutter noch kann!), dann versinkt er. Die Borke, die an den abgesägten Ästen der Trauerweide leicht zu lösen war, die schwimmt wie ein kleines Floß. Was ein Floß ist? Schnell könnte ein's entstehen. Mit dem Taschenmesser werden kleine Stöcke in etwa gleicher Stärke geschnitten, von dem Ast, der ohnehin der Verarbeitung preisgegeben ist. Das Zusammenbinden erfordert gemeinsames Halten, Aufeinanderachten. Wenn in Mutters Tasche nicht ein wenig Schnur ist (was eben einfach in das Gepäck einer Mutter gehört!), dann binden sich auch leicht die ausgewachsenen Gräser von der Wiese, dicht unter den Bäumen, wo der Rasenmäher nicht herankann. Solch ein fertiges kleines Floß erfüllt die Erkenntnis über das tra-

gende Wasser, über die Beschaffenheit von Holz und über die Tragkraft großer Flächen. Etwas aneinanderfügen, das trägt, das ist nicht nur technische Erfahrung, das ist auch übertragbar auf Situationen im Leben. So gesehen haben viele Spiele einen hohen Symbolwert. Das Kind hat eine Ebene, auf der werden Symbolerfahrungen bewahrt und nach und nach umgewandelt in die Weisheit, die wir brauchen, um in unserem Leben etwas von Wahrhaftigkeit, von der aufbauenden Kraft des einzelnen und der Gruppe zu verstehen. Gut ist es, wenn diese »Helfer in der Lebenserziehung« im Geheimen wirken dürfen, wenn sie nicht von uns so verstandesgelenkten Erwachsenen aus ihren behutsamen Verstecken gelockt werden, durch Erklärungen und »Wissensbündelungen«. Die zwei können sich zunicken: Der eine hat diese verborgene Ebene des Verstehens und weiß es nicht zu benennen, der andere weiß um diese Ebene, nutzt sie behutsam und spricht nicht drüber. Vielleicht sind es die zwei, die jetzt überlegen, ob sie das selbstgebaute kleine Floß mit nach Hause nehmen, oder ob sie es am Teichufer anbinden, damit sich ein anderes Kind freuen kann, wenn es dort spielt. Zu Hause die Lust zu haben, ganz selbständig heranzutragen, was notwendig ist und aus der Erinnerung nachzubauen, das kann den schönen Tag vertiefen. Ein in der Stadt lebendes Kind erlebt Natur intensiver, weil es erst herangeführt wird. Ein auf dem Land lebendes Kind erlebt ebenso intensiv einen Tag in der Stadt. Das könnten wir noch mehr nutzen, indem wir Verbindungen suchen, die beide Lebensbereiche zu einem Ganzen wachsen lassen.

Nicht nur ein Ausflug, der an den Grenzbereich einer Stadt führt, kann voller Erlebnisse sein. Das ältere Kind, vertraut mit den Regeln und Geboten des Straßenverkehrs, erobert sich allein, oder mit Freunden den Kiez, den begrenzten Wohnbereich. Dazu gehören Höfe, Mauerdurchbrüche, Trümmerberge von Abrißhäusern; *Spielplätze,* die bewußt angelegt wurden, oft unter den wenig spielinteressierten Aufsichtsaugen von Erwachsenen. Es ist die reale Welt, in der wir alle leben müssen, sie birgt fast an jeder Ecke die Chance in sich, daß wir diese Welt verändern, verschönern, lebensmöglicher gestalten können. Die spielenden Kinder sind nicht Angriff unserer Ungeduld, wir müssen sie nur, soweit es gelingen kann, vor Schaden bewahren. Nein, die Organisation einer Stadt soll in uns Ungeduld verursachen, bis es uns gemeinsam gelingt, daß sie ein Ort für viele verschiedene Menschen sein kann. Man könnte fragen: »Was soll die Stadt mit all den Kindern machen?« Sinnvoller fragen wir: »Was können die Kinder für diese Stadt?« Ordentliche Spielplätze sind eine Möglichkeit, »ordentlich« zu spielen. Chaotische Spielplätze sind eine Möglichkeit, chaotisch zu spielen. Ich stelle mir viele verschieden angelegte *Aktions-Spielplätze* vor. Dicht zum eigenen Wohnbereich gehörend, mit Materialien, die *spielmoti-*

vierend sind. Es gibt ja solche Plätze in der Mitverantwortung von Pädagogen, Sozialhelfern, da dürfen Kinder bauen — Hütten und Kisten —, dürfen in der Erde graben, Wasser darin sammeln, experimentieren. Hier kann Halbfertiges zur Gestaltung anregen, soziales Miteinander kann in guter Weise eingeübt werden und, was ich für notwendig — die Not wendend — halte: es ist ein Erwachsener in erreichbarer Nähe, der zuhören kann, anschauen und bestätigen und gewiß auch ein wenig Hilfestellung anbieten kann. Solche Spielgärten, Spielbauplätze könnten eine Alternative sein zu den Defiziten für das spielende Kind in der Stadt und in der Gesellschaftsstruktur, wo Zusammenhänge von Arbeit und Leben nicht mehr ablesbar sind. Ich hoffe sehr auf die Ideen und ihre Umsetzung in naher Zukunft. Eines Tages werden unsere Kinder die Forschung in die Hände nehmen, Operationen durchführen, Gärten anlegen, Straßen bauen (für Fahrräder und Autos), sie werden über das Wohnen von Generationen unter einem Dach nachdenken, werden Sonnenenergie nutzen und den Wind nicht nur dem Drachen zumuten. Sie werden kleine Brote backen, richtig zum Kauen, sie entwerfen schöne Kleider für gelbe, braune und rotbraune Menschen und auch für die weißen. Sie werden Menschen retten müssen, seelisch Kranke ermutigen und vielleicht auch Bücher schreiben — für das Leben.

Vor diesem Berg von Aufgaben können wir nur mit dem ganzen Herzen uns bemühen, sie zu all dem notwendigen Tun zu ermutigen, ihnen Großzügigkeit und Verläßlichkeit vorzuleben, ja, ihnen zu helfen, die Erde, das Land, die Stadt, das Dorf und die Menschen spielend begreifen zu können.

Spielen ist ein Geschenk aus der unbegreiflichen Schöpfung der Welt. Aufbauen — Staunen — Verändern — mit Leben füllen.

Aus der Sicht des Kindes ist Spielen ein lebendiger Wechsel von inneren und äußeren Erlebnissen. Das Spiel hat seinen Wert in sich. Es fördert Konzentration, es übt die feine Struktur aller Sinne, es bringt Zusammenhänge zwischen Himmel und Erde zutage, es hilft, Kreativität zu beleben, es läßt erste Einblicke in alle wissenschaftliche Bereiche zu — auf der Ebene des entsprechenden kindlichen Weltbildes —, es fördert und vertieft alle zwischenmenschlichen Kontakte, es hilft, die Sprache lebendig werden zu lassen, Mundart zu pflegen und damit dem geistigen Wachstum ein reiches Instrumentarium zu schaffen. Es erwächst dem heranreifenden Menschen eine Sicherheit, Schritte in Unbekanntes zu wagen. Es verbindet sich mit dem, was wir als Heimat empfinden, als ein Zuhausesein.

Für uns, die wir Kinder in ihrem Spiel begleiten wollen, ist es nützlich, die verschiedenen Arten des kindlichen Spielens zu unterscheiden. Sie sind nicht wertverschieden, nur eben wesentlich voneinander zu trennen, obwohl das Kind im Wechsel alle Bereiche erlebt.

Arten des Spielens

Beobachten wir Kinder in ihrem Spiel, liegt es nahe, die Verschiedenartigkeit der Spielmöglichkeiten zu sammeln. Eine Auswahl der häufig zu beobachtenden Spielformen soll uns verdeutlichen, wie das kindliche Erleben und die sich daraus ergebenden Lernschritte mit dem Spiel verbunden sind.

1. Spiele mit dem eigenen Körper
Greifen und Befühlen, Lutschen, Schmecken, die lustvolle Wahrnehmung der Körperfunktionen gehören zu den ersten befriedigenden Entdeckungen des eigenen Lebens.

2. Träumende, verinnerlichende Spiele
Einer Geräuschwahrnehmung nachlauschen, schöne Empfindungen oder Gedanken haben, Dingen nachsehen (einem tanzenden Blatt, dem Wirbel der Schneeflokken, einem fliegenden Vogel, sich verändernden Wolkenbildern).

3. Gestaltungsspiele
Gefundene Materialien verwenden, Gegebenheiten spielend ausprobieren (mit einem Stock im Sand malen, Kleckerburgen bauen, Sand durch die Finger rieseln lassen, Blumen und Gräser pflücken, an der beschlagenen Fensterscheibe malen, Moosgärtchen anlegen, Sand —, Erdburgen bauen, Lehmfiguren formen, Höhlen — später größere Buden — bauen, an Pfützen Wassergräben anlegen).

4. Rollenspiele
In die Rolle eines andern Wesens schlüpfen, diese nach der eigenen Wahrnehmung nachspielen, bedeutet für das

Kind, einen Schritt zu tun auf dem Wege der Ich-Findung. Dieses Spielen hat sowohl von außen als auch von dem inneren Erleben des Kindes große Veränderbarkeit. Es hat fragende, klagende, bittende, fordernde, erzählende, deutende Funktion. Es will helfend und heilend wirken. Oft sucht sich das Kind in seiner Rolle einen Kommunikationspartner. Rollenspiele sind in der Regel Beziehungsspiele.

5. Spiele mit wetteiferndem Charakter

Spiele, die den Körper kräftigen und zugleich eine Differenzierung der eigenen Leistung möglich machen (um die Wette laufen, auf einem Kantholz balancieren, klettern, hüpfen und springen; lustige motorische Übungen, zum Beispiel: »Wer kann das?« Mit einer Hand auf den Kopf klopfen, mit der anderen sehr viel langsamer den Bauch kreisrund reiben).

6. Konstruktionsspiele

Spielen mit vorgegebenem Material, zur Anregung technischer Möglichkeiten, wie zusammenstecken, vervollständigen, belasten von Teilen in sich wiederholenden Maßen, Farben, Formen. Diese Materialien sind nach ihrer Art für bestimmte Altersgruppen empfohlen. Sie bringen schnellen Erfolg, das kann Sicherheit geben, führt jedoch rasch zur Unterforderung, wenn sie nicht erweitert werden.

7. Regelspiele

Spiele — meist in Gruppen gespielt —, die einer vorgegebenen Regel unterstehen. Kinder sind fähig, Regelspiele zu akzeptieren, wenn sie sich selber erste Regeln für ihr Tun auferlegen, wenn sie sich an Vereinbarungen erinnern können und fähig werden — emotional —, auch zu verlieren, zuletzt an der Reihe zu sein. Regelspiele spornen an zu gewinnen, Glück zu haben, gemeinsam ein Ziel zu erreichen. Vor allem aber müssen sie Freude bereiten. Ein geübtes, vertrautes soziales Miteinander ist Voraussetzung.

8. Rollenspiele in der Erweiterung der Gruppe

Kinder, die eine Tätigkeit beobachten, ein Berufsbild näher kennenlernen oder in der Lebenswelt Geschehnisse erleben, spielen das Beobachtete nach und vermischen dies mit eigenen Erkenntnissen, Wünschen, Gefühlen und Vorstellungen. Dazu entstehen vorbedachte Spielräume; Utensilien werden hergestellt und zugeordnet, die ein möglichst nahes Nachspielen der Vorgänge erlauben. Zum Beispiel richten Kinder eine Post ein, in welcher die Stühle des Gruppenraumes zu einer Schalterhalle umfunktioniert werden. Mit verschiedenen Zeichen (gemalt, geklebt und angebracht) laden die Schalterfenster zu verschiedenen Dienstleistungen ein, die alle mit dem Postgeschehen zu tun haben. Familienecken bilden eine Spielerweiterung, dort wird geschrieben, gepackt und zur Post gebracht, derweil der Postbote klingelt, um neue Nachricht zu bringen. Das Spiel der Kinder in seiner Intensität hängt deutlich von den Vorerfahrungen ab und von der Motivation. Es kann eine Kindergruppe tagelang in Bann halten. Es wächst in der Vorbereitung, schafft Vorfreude auf den Spielhöhepunkt (je älter die Kinder sind, desto wichtiger wird das vorbereitende Spielen) und klingt nach und nach ab. Ich beobachte häufig, daß liebgewordene Spielutensilien (meist aus eigener Herstellung) mit hinübergerettet werden in ein nächstes Rollenspiel.

9. Spiele aus dem Stegreif

Erlebnisse aus dem Märchen, Geschichten und Erzählungen vertiefen sich, wenn Kinder die Handlungen nachspielen. Es ist für das Kind ein Spracherlebnis, wenn es — bis in die Lautmalerei hinein — Sätze wiederholt, die ihm wichtig sind. Das spontane Nachspielen verdeutlicht dem Kind Handlungs- und Gefühlszusammenhänge. (Wenn wir uns untereinander etwas ganz lebendig mitteilen wollen, geschieht es oft mit Mimik und Gestik, eben aus dem Stegreif erzählt und vorgeführt; wir erleben dabei, wie uns, gleichsam im Nacherleben, Wesentliches deutlich wird.) Stegreifspiele würden ihre frische Aussagekraft verlieren, wenn sie mit Kindern als Vorführung eingeübt würden.

10. Tanz-, Sing-, Kreis- und Rhythmikspiele

Melodien , rhythmische Verse und Reime regen das Kind an, sich dieser Vorgabe entsprechend zu bewegen. Im freien Umsetzen nutzt es die Bilder, die beim Hören eines Textes entstehen, ahmt sie nach und nutzt dazu die Ausdrucksform des Tanzes. Prüfen wir an uns selbst einmal, wie zum Beispiel dieser kleine Vers über den Herbst uns animiert:

Schaut nur! Wie die Blätter tanzen!
Wie sie wirbeln und sich drehn!
Müssen sacht zu Boden gehn.
Waldmaus tippelt, pfeift und lauscht,
wie der Wind im Astwerk rauscht.

Solche leise-fröhlichen rhythmischen Spiele helfen dem Kind, sich ganzheitlich wahrzunehmen. Der tanzenden Bewegung gibt sich der Mensch hin, seit er erleben kann, wie der Mond kommt und vergeht, wie die Wolken ziehen im Wind, wie die Gestirne wandern. Alles Schwingen erinnert an das immerwährend sich verändernde Leben. Kreis- und Tanzspiele, die einer Regel unterstellt sind, bieten Wiederholungen nach einem festgelegten Ablauf. Diese innere Ordnung überträgt sich wohltuend auf das Kind. Ein Spielkreis ermöglicht auch die Erfahrung des Zusammengehörigkeitsbewußtseins. In einem Kreis ist kein Kind erstes und keins letztes, ein Kind in der Mitte darf (oder muß — laut Spielregel) einmal Mittelpunkt sein. Das sind wichtige soziale Gesichtspunkte für das Zusammenleben von Gruppen.

11. Schöpferisches — schaffendes Spielen

Alle kreativen Gestaltungsformen sind gemeint, das Malen und Zeichnen, das Formen und Bauen, das Schneiden, Falten, Reißen, das Sticken und Weben und dergleichen mehr in der freien, spielenden Ausführung. Themen können anregen und manchem Kind eine Hilfe sein, mit dem Material sinnvoll umzugehen. Alle Vorgaben, Farb- und Formfestlegungen nehmen diesem schöpferischen Tun seinen spielenden Charakter. Alle Erfahrung und Erkenntnis, alle Ordnung, die das Kind bisher erworben hat, werden ablesbar im bildnerischen Gestalten. Das junge Kind zeigt uns eine Sicht von den Dingen zwischen Himmel und Erde, die mir oft wie eine große Wahrhaftigkeit erscheint. Nichts ist so »bodenständig«, wie wir gern glauben. Entwicklung für das Gestalten mit künstlerischen Mitteln liegt in der geistigen, seelischen Anregung, nicht im Vorzeigen von Verallgemeinerungen ». . . so sieht ein Haus aus«, »diese Farbe hat der Baumstamm«. Farben und Formen haben ja auch ihre eigene Symbolik. Vielleicht sieht das malende Kind — auf seiner Ebene — mehr als wir?! Hier möchte ich besonders um Verständnis bitten: Es geht mir um das *spielende* Gestalten. Erwachsene, die eben auch gerade malen, formen usw. regen Kinder sehr an, es ähnlich zu versuchen. Das kann von Nutzen sein, wenn der Erwachsene keinen Anspruch auf »Richtigkeit« legt und der eigenen Freude am Tun den größten Platz einräumt. Das kann von Schaden sein, wenn beim »Abgucken« das Kind Schemata übernimmt, die am Ende leblos bleiben. Gerade dann, wenn wir mit Kindern während einer kreativen Gestaltung ein wenig erzählen, können wir uns mitteilen, was wir gerade empfinden, was wir uns vorstellen, welche Farbe wir gerade jetzt sehr mögen. Eine Frage, zum Beispiel: »Wenn an dem Ast eine Schaukel hängen wird, was meinst du, wird er dich tragen, wenn du richtig Schwung hast?«, kann helfen, daß das Kind sich bewußt macht, *was ich selber gestalte, das will ein anderer verstehen.* Es führt zum Bemühen, deutlich zu werden und wiederum: *ihr sollt es deuten können!* führt zur Sorgfalt.

Zwei Kinderbilder sind mir vor Augen aus meiner früheren Kindergruppe. Michael hatte einen Baum gemalt. Am Stamm wuchsen die dicken Zweige, auch die kleinen dünnen, in »schöner Ordnung«. Alle Blätter hatten Stiele und in jedem Blatt war noch einmal in Winzigkeit der Baum zu sehen. Feinste Erkenntnis, umgesetzt in ein Bild. Und so liebevoll. Domenik hatte auch einen Baum gemalt. Aus einem Reichtum von Wasser und Erde wuchs ein Stamm empor, der trug noch die Farbe des Wassers. Die Baumkrone war so dicht, daß man keinen Zweig sehen konnte, ja vor lauter Üppigkeit nicht einmal ein Blatt. Die Sonne schien so kräftig, daß die Baumkrone gelb überflutet war. Ein gewaltig schöner Baum. Beide Baumbilder haben wir mitgenommen, als wir in den Park gingen. Wir haben den Parkbaum ganz nah gesehen, lange beguckt und befühlt. Wir fanden: Michael hat seinen Baum »ganz wirklich« gemalt. Wir sind weit vom Parkbaum weggegangen, haben ihn von fern gesehen, haben ein bißchen geblinzelt. Wir fanden, Domenik hat seinen Baum »ganz wirklich« gemalt.

Das Spielen einzuteilen, in Erfahrungsräume aufzufächern, hilft uns, Kindern gute, behutsame, helfende Begleiter sein zu können. Ich möchte noch eine Teilung beschreiben, die eigentlich keine ist, weil wir eben ganze Menschen sind.

Das Spiel in der Polarität zwischen Gut und Böse

Wir haben uns vergegenwärtigt, wie lebensnotwendig das Spiel für ein Kind ist, um alles Unbekannte innen und außen begreifen zu können, um das eigene Leben in einem Zusammenhang verstehen zu können von Landschaft und Struktur, Lebensqualität und dem Verständnis von der Einzigartigkeit eines Menschen. Um im Bild zu bleiben: die Eindrücke all dessen legen sich um das Kind wie ein Zelt. Wir tragen von dem Tage an Verantwortung, an dem wir bewußt auf dieses Kind warten. Unsere Vorfreude verwandelt sich für das Kind in Hoffnung, in Lebensmut, unsere Liebe läßt wachsen und gedeihen, was wachsen muß, unser Bewußtsein, das wir vorleben, in allem, was wir tun und denken, läßt Wege entstehen. Ein Wasser bahnt sich das passende Flußbett, ausströmend von der Quelle. Ein Mensch bahnt sich den Lebensweg, ausgehend von seinem Ursprung.

Dieses Weg-Bahnen geschieht mit dem ganzen Entdeckerdrang, mit allen Sinnen. Erinnern Sie sich, wenn Sie selber mit Freunden unterwegs sind, wenn der Wanderweg sehr weit ist, dann suchen Sie mit den Augen ein nächstes Ziel. »Bis zur Bank an der Lichtung gehen wir«, oder »Bis zur Brücke schaffen wir es noch, dann ruhen wir uns aus«. Das hilft uns, den ganzen Weg zu meistern, den wir uns vorgenommen haben. Wegstrecken zu überblicken, das macht mutiger. Pausen gehören dazu, damit wir sehen, wie alles um uns herum aussieht, damit wir Brot essen können, uns die Schuhe neu binden und atmen können. So etwa vergleichbar ist der Weg des sich entwickelnden Kindes. *Wir bauen keinen Weg, wir geben nur die Richtung an,* geben das nötige Schuhwerk, zeigen, wo die Sonne steht, wo man sich bei Unwetter unterstellen kann. *Wir helfen nur, alles zu entdecken, alles zu benennen, alles zu ergründen.* Kleine Steine am Wegrand stören nicht, über die etwas festeren wird das Kind springen und bei arg großen fassen wir zu. Notfalls setzen wir uns erst gemeinsam drauf, um zur Ruhe zu finden, um den Blick wieder frei zu haben.

Wenn ein Vater sein Kind begleitet, dann wird er sich ein wenig bücken, damit er die ausgestreckte Hand auch halten kann. Dieses *Sich-Beugen* und das *Sich-Strecken* ist auch geistig so. Wenn die Mutter ihr Kind einmal hochhebt, dann hat sie das Kindergesicht in ihrer Blickhöhe. Für das Kind ist es ein Erlebnis, die Welt einmal aus dieser Sicht zu sehen. Übertragen heißt das: Es gehört in die Entwicklung das Miteinandergehen im Größenbereich des Kindes und auch das *Erhobenwerden,* in die Höhe gebracht werden, um sich danach immer wieder sehnen zu können. Dieses gute Empfinden der Höhe ist für das Kind erlebbar, wenn Erwachsene aus ihrem Leben erzählen, wenn sie etwas zeigen, was sie sehr gut können, wenn sie mutig sind oder besonders aufrichtig, wenn sie etwas besonders Schönes für das Kind erdenken. Dazu gehört das Vertrauen, in der Höhe nicht *fallengelassen* zu werden, dazu gehört auch das *behutsame Zurückbringen* auf den eigenen Weg. Dieses Begleiten läßt die Freiheit für den eigenen Weg zu, ohne zu verunsichern. Ich bin überzeugt, daß es ein guter Weg ist, wenn das Kind sich an den Lichtern orientieren kann und zugleich den Schatten kennenlernt. Die Spiele des Kindes werden sich in diesem geistig-seelischen Landschaftsbereich Nahrung holen. Denken Sie sich diesen Weg ohne unsere Verantwortung, ohne das Sich-Beugen, ohne das Zu-sich-Erheben. Welche Erfahrung kann das alleingelassene Kind machen? Wer zeigt ein Licht, das ja der Hoffnung und Freude gleichkommt? Wer erzählt von Schatten, die ein Kind ängstigen können? Wer setzt sich mit auf den »Lebensbrocken« und zeigt damit Nähe?

Kinder, die orientierungslos leben müssen, werden unsicher und freudlos. Sie entwickeln Kummer, der im Spiel ablesbar wird. Sie wiederholen spielend ihre Niederlagen, ihre Unruhe. Kinder, die sich immerzu in Höhen gehoben fühlen, werden schwindlig, verlieren das Gefühl für den »Boden unter den Füßen«, wenn sie wieder hinunter wollen, dann ist der Sprung zu hart. Kinder, die nicht »gehoben« werden, die keine Lust gemacht bekommen auf das weite große Schauen in die Welt, die entdecken zu wenig Licht, sie werden immer häufiger kriechend sich bewegen, weil sie zu wenig Überblick bekommen. Die Wünsche nach den »Früchten, die sehr hoch hängen«, werden immer kleiner, weil doch der Blick dahin nicht wachsen kann. In die Spiele dieser Kinder fließt all diese Erfahrung mit ein. Es ist die Realität des gemeinsamen Weges.

Die Begriffe gut und böse könnten auch gefälliger klingen, wenn ich vom positiven und negativen Denken sprechen würde. Die Märchen haben sich solche klaren Aussagen bewahrt, deshalb geht ja besonders heilende Kraft von ihnen aus, weil sie nicht »über den Kopf« verstanden werden können, sondern nur auf der Ebene unseres Empfindens. Im Bereich des Guten finden wir alle die Lebenskräfte, die mühselig zu erwerben sind, weil sie uns ganz persönlich meinen. Nichts davon kann man kaufen. Es ist *die innere Arbeit an uns selbst.* Wie schwer es ist, ehrlich zu bleiben, sogar sich selbst gegenüber, andere Menschen so anzuerkennen, wie mich selber, meine Gewissensüberzeugung vor alle Anpassung zu setzen, das kann ich aus eigener Erfahrung bezeugen. Dabei finde ich doch in diesem Bemühen immer wieder Menschen, die mich einmal heben, wie das Kind auf seinem Weg gehoben wird. *Im Bereich des Guten kann ich dieses Sich-Erheben nur begreifen.* Machen Sie sich einmal die Freude und denken Sie über alles nach, was an Gutem von Ihnen ausgeht und wer Ihnen dazu verholfen hat. Am schönsten ist es, wenn Sie dazu ganz allein sind und sich sehr ernst nehmen können. All das, was Sie entdecken, sind gleichsam Wegbereiter für Kinder, die Ihnen anvertraut sind.

Im Bereich des Bösen kann es keine Wegbereitung geben. Bequemlichkeit, Unehrlichkeit ziehen mich in meinem Lebensgefühl herab. Neid und Schwatzsucht machen mich eng, nehmen mir und meinem Gegenüber die Würde. Ich kann mich nicht *erhaben* fühlen, nicht die Dinge auch einmal *von oben* betrachten, weil es weh tut, mich aus der gebückten Haltung aufzurichten. Wie gut, daß wir die streng getrennten Bereiche, wie sie uns das Märchen zeigt, jeweils in der Verbindung erleben. Zugegeben, in unterschiedlichen Mischverhältnissen. Mit zunehmender Reife wird einem dieses Netzwerk immer bewußter. Damit wächst die Sorge, sich da je wieder herauszufinden, aber gleichzeitig auch die Kraft, sich so oder so zu entscheiden.

Diese Lebensatmosphäre arbeitet in uns wie ein Energiezentrum. Und genau diese Energie geben wir weiter. Leider nur sehr selten sichtbar. Aber fühlbar. Sie kennen das, wenn Sie einen Menschen treffen, empfinden Sie

Zuneigung oder Abneigung oder eine gewisse Indifferenz. Das hat natürlich etwas mit uns zu tun. Ein Mensch, den Sie sehr lieben, der wird in Ihrer Nähe sich innen drin gesund fühlen, richtig gut. Ich habe es auch öfter umgekehrt erlebt, daß ich in der Nähe eines Menschen, der mir nicht traut, oder negativ über mich denkt, verkrampft war, mich ungut fühlte. Das ist ja nicht gleich böse, es mag sogar gute Gründe dafür geben, daß er mich nicht mag, aber es ist unausweichlich so: es zieht herunter. Wenn ich die Kraft habe, es auszusprechen, damit es geklärt ist, dann habe ich in meinem gemischten Netzwerk wieder einen Knoten zu lösen vermocht. Ein Stück Befreiung!

Kinder, die mit uns unterwegs sind, nehmen all das wahr. Auch wenn wir unsern Mund hundertmal verschrauben könnten; sie fühlen es. Dieses *innere Erfühlen* fließt ebenso in die Welt des Spielens ein, wie die äußere Wahrnehmung. Wer von uns würde einem kleinen Kind ein schweres Essen geben! Keiner! Wir wissen, daß es das nicht verdauen kann. Was aber muten wir dem Kind psychisch zu! Fernsehserien, wo Gewalt im Mittelpunkt des Geschehens liegt, wo ständige intellektuelle Überforderung dem sehenden und hörenden und fühlenden Kind angeboten wird. Diese Wirrnis kann ja nur als wirres Spiel wiedergegeben werden. Im Grunde kommt es einem seelischen Erbrechen gleich. Dem Kind das »böse Spielen« zu verbieten, wäre dem vergleichbar, einem Kranken nicht bei der Entgiftung seines Körpers helfen zu wollen. Nicht alles Unbekannte, nicht alle kurzzeitige Überforderung macht ein Kind krank, es hat glücklicherweise viele Schutzmechanismen. Von Gefahr würde ich sprechen, wenn Kinder in negativer Beeinflussung regelmäßig leben müssen. Wenn wir krank sind, dann betäuben Schmerzmittel ein wenig, sie heilen nicht, wenn der Arzt nicht die Ursache erkennt. Dem beschädigten Kind das negative Spiel zu verbieten, kommt einer Betäubung gleich, nicht der Heilung. Ich glaube, daß es eine der schönsten und wesentlichsten Aufgaben sein wird, Kindern beim »Sich-gesund-Spielen« zu helfen. Unsere Zeit muß uns Erwachsene voll in die Verantwortung nehmen. Wer das in sich fühlt, der bemerkt auch seine Berufung für das Begleiten von Kindern.

Charakteristisches vom Spiel des Kindes

Das Spiel ist die Lebens- und Lernform des Kindes.
— Im Spiel findet das Kind Möglichkeiten, das noch unbekannte Leben zu begreifen.
— Das Spiel ist der Spiegel des inneren und äußeren Verstehens aller Lebenszusammenhänge.
— Im Spielen erlebt das Kind sich selbst und sein Gegenüber.
— Wie in einem Puzzle baut das spielende Kind die Teile des Verstehens aneinander, ordnet, sortiert und bemüht sich um Vervollständigung.
— Sachbezogene Spiele helfen, Einblick zu finden in Naturwissenschaften und Technik.
— Das Spiel entspricht in seiner Wertigkeit der Lernleistung des Schulkindes.
— Wenn das Kind nicht spielend lernen darf, sondern kopflastig Wissen vermittelt bekommt, entsteht ein Defizit in der ganzheitlichen Entwicklung.
— Das Spiel motiviert das Kind, Konzentration und Ausdauer zu üben.
— Spiele haben ihren Wert in der Wiederholung, weil Bekanntes Sicherheit gibt. Sicherheit gibt dem Kind Mut, spielend den nächsten Schritt zu tun.
—Spielpflege beginnt mit dem Wissen um die Zusammenhänge der inneren und äußeren Lebenssituation des Kindes. Dazu gehören das Beobachten des Spielverhaltens, die Wahl guter, altersgerechter Materialien und die geistig-emotionale Anregung für die Spielinhalte.
— Kinder mit einem negativen Spielverhalten brauchen eine positive Zuwendung. Diese könnte unterstützt wer-

den durch das wiederholte Erzählen von Märchen und Geschichten, aus denen das Kind Hilfe zur Lebensbewältigung schöpft. Das Zuhören, das Mitfühlen und die Pflege der Sprache helfen dem Kind, seine Spielqualität zu bereichern.

— Spielutensilien, die Gewalt sichtbar machen (Pistolen, Panzer, boshaft aussehende oder fratzenhaft wirkende Puppen), regen auch nur zu gewalttätigem Spielen an. (Ein Gewehr aus einem Ast kann sich wieder in einen Baum, in einen schützenden Stab verwandeln. Ein richtiges Gewehr kann das nicht.)

— Je jünger das Kind ist, desto unfertiger sollte sein Spielzeug sein. Die Phantasie ergänzt und wird spielend bereichert.

— Passive Spiele werden im Kind erträumt und haben damit ihr Eigenleben. Stille, einsame Kinder spielen auf ihre Weise. Es ist gut, wenn sie den Mut finden, sich anderen Kindern nach und nach anzuschließen.

— Spiele sind für das Kind lebendig. Sie sollten nicht sinnlos abgebrochen oder unterbrochen werden.

— Anregungen für Neues im Spiel lockt das Kind vom Vertrauten in die Erweiterung.

— Spielangebote des Erziehers sollten aus seinem Erfahrungsschatz kommen, aus dem Wissen am das Bemühen des Kindes auf seinem Entwicklungsweg, aus dem Gewinn seiner Beobachtungen und aus seiner inhaltlichen und methodischen Vorbereitung.

— Spielutensilien sollten ein Maß der Überschaubarkeit behalten, damit das Kind sinnvollen Umgang mit ihnen lernen kann. Verlorengegangenes Spielzeug erzeugt eine wesentliche Erfahrung. Die Trauer. Ein schnelles Herbeischaffen von neuem Material hilft nicht, das Gemüt des Kindes zu beruhigen. (Wir bekommen im Leben für verlorene Dinge, die uns lieb waren, vielleicht etwas anderes Schönes, selten das gleiche.)

— Puppen, Bären und ähnliches sind Verpuppungen eines Teils der kindlichen Seele. Wenn das Kind in seiner Entwicklung weiterkommt, zieht oftmals die liebende Empfindung zu solch einer abgeliebten Verpuppung aus. Es ist ein wichtiger emotionaler Prozeß, der durch zu viele Puppen- und Plüschtiergeschenke in seinem Verlauf erschwert wird. (Das ist der Grund, weshalb Puppen in Kindergärten oft keine ganz echte Liebe bekommen, sie gehören nicht in die seelische Verbindung zum Kind.)

— Spielen kann das Kind fast überall. Sogar heimlich, wenn es sich um sein Bedürfnis betrogen fühlt.

— Die spielend erworbene Erfahrung der ersten sieben Lebensjahre ist das Fundament für das Lebenshaus des Erwachsenen. Wie viele Zimmer, Winkel, Fenster und Türen, Kammern und Gänge mögen in diesem Haus eingerichtet sein?

Lebensraum Kindergarten

Lebensraum — das wird zum Bild. Ich stelle mir vor, wie ein Raum entsteht, der erfüllt ist von Leben, Leben, das sich spielend ausprobieren möchte, das schöpferisch aufbauen will, was im begonnenen Leben sichtbar oder fühlbar wurde.

Viele Lebensräume in der Kindheit prägen die Entwicklung. Der Raum, in den ich hineingeboren wurde, hat schon eine »Einrichtung« gehabt, die gewachsen ist durch das Leben von Mutter, Vater, Großeltern. Nach und nach, mit allen Sinnen, sollte ich diesen Raum begreifen lernen.

In diesem ersten Raum ist das kleine Kind noch Gast. Räume, die spielend entstehen, wo es »zu Hause« ist, die entdeckt das Kind sehr eigenständig. Das kann die Geborgenheit unter einer Decke sein — »wo bin ich?«, das ist der Winkel hinter dem Sofa, wo die Knopfdose steht, die Schublade in der Küche mit Quirl, Deckel, Korken und Formen. Kleine, von der wachsenden kindlichen Persönlichkeit gesuchte Lebensräume, die dem Kind erst möglich machen, im Formen- und Farbenreichtum des Details, das Ganze zu begreifen. Die kleinen Stücke, die aus dem Ganzen herausgelösten Dinge — oft vom Erwachsenen als wertlos betrachtet —, werden wesentlich in der Hand des Kindes. Der Tag ist ein Bündel von Minuten. Wenn ich an verschiedene Menschen denke, die in Räumen zu Hause waren, die ich spielend eroberte, welche Momente fallen mir da ein: Der Spaß, lange in der Badewanne spielen zu dürfen; die Teigschüssel zum Auslecken; ein altes, besonderes Buch, in dem nur mit gewaschenen Händen behutsam geblättert werden durfte; die Werzeugecke im Keller; der alte Schrank mit den Löwentatzenfüßen; der Gartenschlauch auf der Wiese, der zur wasserspeienden Schlange wurde und den schön gedeckten Kaffeetisch unter Wasser setzte (ich glaube, ich bin es wohl vielleicht wirklich nicht gewesen); die Borkenstücke am gefällten Baum, mit den seltsamen Gängen des Holzwurmes . . .

Entdecken, mit den Sinnen *erkennen* und mit dem Schatz der Phantasie *erweitern,* das differenzierte Geschehen beim Spielen braucht den umgebenden Raum. Im Raum liegt Begrenzung, Überschaubarkeit, schützende Sicherheit.

Der zu enge Raum des Kindes kann die Entdeckerfreude lähmen. Denken wir an ein Kind, das alle Töpfe und Tiegel längst kennt, das Malheft ausgemalt und die Perlen aufgefädelt hat. Es möchte hinaus in den nächstgrößeren Lebensraum — Garten, Park, Straße, aber es wird zu selten aus der Obhut der sterilen Neubauküche herausgelassen, das kann neben der körperlich empfundenen Enge auch zur geistigen Enge führen. Da sind Fürsorge und Behüten kein zu vertretendes Bedürfnis mehr.

Ein »grenzenloser« Raum nimmt dem Kind die Überschaubarkeit. Es findet keinen Halt, wird unsicher und hilflos. In diesem Gefühl von Einsamkeit sucht es Grenzen, die der Erwachsene oftmals nicht richtig deutet. Es ist der Hilferuf des Kindes: *Zeigt mir sinnvolle Begrenzungen, die mir Geborgenheit geben. Holt mich aus dem Chaos!* Es ist nicht »modern«, dem Kind »alle Freiheit« zu geben, eher drückt sich eine Beziehungsarmut aus. Begleiten heißt ja Mitgehen, Bereitsein, in die Räume des

Kindes zu schauen, ohne dabei die große Wegrichtung, die gegebene Linie aus dem Auge zu verlieren. Ein fünfjähriger Knabe hat einmal zu seinem Großvater gesagt: »*Du bist mein Vorleber*«. Ich weiß es nicht treffender zu formulieren. Wer bewußt *vorlebt* wird nichts *vormachen*.

Mit Spielerfahrung, Raumerfahrung und wesentlicher erster Lebenserfahrung wächst im Kind der Wunsch nach einer größeren Spielgemeinschaft. Geschwisterkinder haben ein gutes soziales Übungsfeld zu Hause. Es ist ja bereits von Bedeutung, ob das Kind im Geschwisterkreis die Rolle des älteren oder jüngeren Geschwisters trägt. Frühzeitig wird es an Verantwortung herangezogen, pendelt zwischen groß und klein, oder achtet schon auf den Führungsanspruch der älteren. Ein Kind, das zu Hause ohne Geschwister aufwächst, wird die Spielgemeinschaft mit anderen Kindern ersehnen, gern aber auch wieder meiden, weil es die Spannung, die im Miteinander von Spielfreunden entsteht, noch nicht so geübt bewältigen kann.

Mit *unterschiedlichen Vorerfahrungen,* mit sehr *persönlich geprägter Belastbarkeit,* mit einem großen, oder nur kleinen Beutelchen voller *Spielideen, Mut und Lebenslust* treffen Kinder in einem Kindergarten aufeinander. Diese Vielfalt eines Kindergartentages bringt die Erzieher (die *Vor-* und *Mitleber!*) an die Grenzen der eigenen Belastbarkeit. Bei allem methodischen Fachwissen, bei aller inneren Bereitschaft, den Kindern zu helfen, es bleibt ein gebührend anstrengender Tag. Wir können ihn leichter machen, im ganz positiven Sinn erleichterter, wenn wir uns in unserer *inneren Vorbereitung* deutlich machen:

— das Kind kommt zu uns, weil es ein nächstes Stück Leben wagen muß;

— es ist einmalig in seinem Wesen, seiner Gestalt, seiner Prägung;

— es ist schutzbedürftig, weil es kleiner, jünger, schwächer ist;

— es kann jedoch etwas in sich tragen — es braucht ja Zeit —, das ist größer, unantastbar. Wir dürfen helfen, es zu entfalten;

— es kommt mit unterschiedlicher Begabung, aber es kommt *niemals ohne eine Gabe,* die zu entdecken sich lohnt;

— in den Kindern erleben wir den Sinn unseres Berufes. Angefüllt mit solchen Gedanken können wir getrost die Tür öffnen, um die kleine Schar willkommen zu heißen. Es wird ein guter Tag werden, weil wir uns mit guten Gedanken umgeben. Diese vorbereitenden Gedanken geben uns eine Gelassenheit, sie befreien uns von Hektik und falschem Eifer. Wir werden freier für Beobachtungen und können viel intensiver aufnehmen, was von den Kindern an uns herangetragen wird.

Drei Ebenen der Erwartung gibt es, wenn ein Kind in den Kindergarten gebracht wird:

— *Die Erwartungshaltung des Kindes.* Aufregung und Vorfreude, die noch keinen Namen trägt.

— *Die Erwartungshaltung der Mutter/des Vaters,* die sich so beschreiben läßt: Werden sie mein Kind verstehen? Werden sie mir bei den Erziehungsfragen helfen?

— *Die Erwartungshaltung der Kindergärtnerin/des Begleiters.* Sie wird von der wiederholten Erfahrung getragen: Werden die Eltern mich akzeptieren? Werde ich Kontakt zum Kind finden? Wird das Kind sich in die Ordnung des Kindergartens finden?

Erste Gespräche mit Eltern, ein Elternabend, können das

Thema »Erwartung« zum Inhalt haben. Es entsteht im gemeinsamen Überlegen eine Mitte, in der sich das Kind, das Elternhaus und die Mitarbeiter des Kindergartens verständigen können. Verordnungen des Kindergartens können Mütter und Väter in eine Rolle drängen, »vor der Tür« bleiben zu müssen. Erstes Vertrauen kann dabei leicht kaputtgemacht werden. Forderungen von Eltern, die dem eigenen Kind dienlich sein mögen, jedoch dem sozialen Miteinander in einer Kindergruppe gar nicht zugute kommen, bringen Erzieher in die Rolle der Mitarbeiter einer Dienstleistung. Das Kind möchte zwischen den Begleitern bei Tage und den Angehörigen bei Tag und Nacht in einer vertrauensvollen Atmosphäre leben und spielen können. Ganz schnell versteht das Kind, zu unterscheiden zwischen der privaten Welt zu Hause und dem Bereich des Kindergartens. Es begreift, daß ein von der Mutter, Großmutter erfüllter Wunsch ihm ganz persönlich gilt, während die Wünsche im Kindergarten, in der Gruppe mit allen Kindern bedacht und abgesprochen werden. Hierin liegt ja die Chance, ein Kind behutsam in den Sozialisationsprozeß hineinzuleiten, der es ihm später ermöglicht, Normen und Wertvorstellungen in einer Gesellschaft zu akzeptieren, ja sogar zu aktivieren und zum Besseren hin zu verändern.

Es gibt Betrachtungsweisen über den Kindergarten, die sich gegenüberstehen, zum Spannungsfeld werden. Genau diese Spannung trägt Chancen in sich, die unsere pädagogische Arbeit zur Vertiefung führen können.

1. Der Kindergarten kann ein Raum sein, in dem das Kind seine Individualität ins Verhältnis setzen kann zu den anderen großen und kleinen Menschen. Das Kind entdeckt Spielfreunde, wächst in den beweglichen Pro-

zeß einer Gruppe hinein und erlebt sich im Empfinden von Sympathie und Antipathie. Die sich wiederholende Ich-wir-ich-Erfahrung kann im Kindergarten wie in einem Schutzraum erlebt werden. Gemeinsam spielen, aufeinander hören, reagieren, sich bewußt für etwas einsetzen und auch gegen etwas Mut aufbringen, sind ernstzunehmende Übungsschritte im Bereich der Kindergruppe. Die Vorbildwirkung der Erwachsenen ist dabei unvergleichbar höher als alle Anweisung. Hier liegt ein hohes Maß an Verantwortung für die Gruppe der Erzieher. Dem Begriff Erzieher würde ich gern den Begriff *Begleiter* voranstellen. *Erziehung ist das Leben im Ganzen, das Innere und das Äußere im Wechselspiel. Ein Kind kommt nicht in den Kindergarten, um erzogen zu werden. Es kommt, um das längst begonnene »Leben in Erziehung« in einer altersgerechten Weise erweitern und bereichern zu können.*

2. Der Kindergarten kann auch zum Raum werden, wo Defizite erlebbar sind. Kindergarten bleibt Raum ohne gutes Leben, wenn das Entdecken nicht möglich ist, wenn das Kind in seiner Würde verletzt wird, wenn die Wahrhaftigkeit im Leben der Erwachsenen zur unechten Hülle wird, wenn Strafandrohungen Angst bereiten, wenn Ironie das Kind im Verstehen verunsichert, wenn Fröhlichkeit nicht behutsam wachsen kann, sondern zum Sonderangebot gemacht wird.

Der Kindergarten bleibt nur Teil der kindlichen Erlebniswelt. Er kann zum richtigen »Garten« werden, wenn er behütet, wachsen läßt, pflegt, ja fast wörtlich »Erdreich« bietet, in dem das Kind Wurzeln ausstrecken kann. Ein Kindergarten könnte den Mangel ausgleichen, den Kinder in der hochtechnisierten Umwelt haben, die Welt substantiell zu wenig erfahren zu können.

Spiel- und Lebensräume eines guten Kindergartens sind freie Flächen, wo sich alle Kinder sehen und erleben können; kleinere Winkel für wenige Kinder; eine Ecke für das einzelne Kind, die behaglich ist und Möglichkeit bietet zum Regenerieren ermüdeter Kräfte; Orte für das leise Spiel; Platz für das ausgelassene Spiel; Erde, Wasser, Luft, Sand und Steine zum Befühlen, Bauen und Gestalten.

So verschieden unsere Umweltsituation ist, so unterschiedlich geprägt sollten jeweils die Kindergärten sein. Zum Beispiel brauchen Kinder, die auf dem Lande leben, technische Anreize, Bau- und Konstruktionsmöglichkeiten, musische Erlebnisse in aller Vielfalt. Die Natur erlebt das Kind ja täglich unmittelbar. Es kennt die Tiere, die zu Haus und Hof gehören, kennt deren Besonderheit und Nutzen, erlebt, wie die Familie mit ihnen umgeht. Es kann Wind und Sturm elementar beobachten und fühlen, sieht am dunklen Nachthimmel die Leuchtkraft der Gestirne, kennt Schlamm und rissigen Boden, wächst mit den Jahreszeiten, die unmittelbar in die Fenster des Hauses gucken. Im Kindergarten sollte dieses Wissen vertieft werden, mit der Lebendigkeit der Sprache belebt werden. Die wenig vertraute Welt der Stadt kann nur *mittelbar* erlebt werden. Ausgleich kann durch Angebote aus diesem Bereich geschaffen werden. Eine Fahrt in die Stadt kann tagelang Spielinhalte bieten. Das beginnt bei den Nasen, die vergleichsweise Land- und Großstadt schnuppern, das kann enden beim Rollenspiel vom Bahnhof, bei Bildern, auf denen ganz hohe Häuser zu sehen sind (da finden die Kinder vielleicht im Materialschrank besonders lange oder hochformatige Blätter, damit die Höhe der Eindrücke daraufpaßt).

Alles, was täglich die Kinder umgibt, sollten wir mit ihnen benutzen, benennen und in das gestaltende Spiel einbringen. Alles, was die Kinder nicht in ihrem Umfeld erleben können, sollte ein Kindergarten vermitteln, Möglichkeit der Wiederholung schaffen, damit Erlebnisse sich vertiefen können. Für das Kind sollten wir bedenken: Alle Medien zusammen ersetzen nicht den wahren Eindruck vor Ort, sie können helfen zu erinnern, zu motivieren, zu vertiefen.

Stadtkinder brauchen in besonderer Weise das Naturerleben. Sie wollen Tiere anfassen und streicheln, müssen die Lebensweise anschauen und beobachten können. Das Pflanzen eines Baumes, das Warten auf Blätter und Früchte können Stadtkinder ganz besonders verinnerlichen. In einer meiner ersten Gruppen haben wir es erlebt: Wir pflanzten an einem sonnigen Platz im Hinterhof ein Süßkirschenbäumchen. Alle Kinder wurden in ihrer Größe mit dem Bäumchen verglichen. Im Laufe des Jahres bekam jeweils das Kind den Gießauftrag, das mit dem Längenwachstum des Baumes konform ging. Manchmal haben wir vor lauter Messen noch das Gießen vergessen. Im zweiten Jahr erblickten wir fünf Blüten an den Zweigen. Die Bienen wurden herbeigefleht. Wird eine wenigstens unsern Hof finden? Zwei Blüten entwickelten sich zur Frucht. Was war das für ein Warten! Und wie sollten wir uns zwei Kirschen teilen, wir waren doch achtzehn?! Die Ideen waren tröstend: »Wir machen Marmelade draus.« »Wir backen zwei Kirschkekse und teilen die.« »Jeder darf mal abbeißen.« Und dann kam das jähe Ende unserer Hoffnung. Jürgen guckte aus dem Fenster, wäh-

rend des Frühstücks, und schrie: »Der elende Schweine-
star frißt unsere ›Kürsche‹!« Eine Woche lang haben wir
den Kummer, den Spaß, die Aufregung über den Star
hin- und herbewegt. Es war auch für mich ganz besonders schön, wie dicht das Erleben war. Als meine Gruppe
aus dem Kindergarten verabschiedet wurde, hat jedes
Kind ein kleines Foto mit dem Kirschbäumchen nach
Hause getragen. Wer weiß, wie, wo und wann diese jetzt
erwachsenen Menschen sich erinnern. Vielleicht pflanzen
sie ihrem Kind zur Geburt ein Bäumchen?

Manchmal gewinnt man ein Elternpaar für ein gutes Vorhaben, wenn sie verstehen, wie wunderbar es wäre, wenn
eine Gruppe im privaten Gartenhaus übernachten dürfte.
Picknickkörbe packen die Eltern, jedes Kind hat eine
Matte und einen Schlafsack, natürlich etwas zum Liebha-
ben für die Nacht. Platz ist in der kleinsten Hütte! Gemeinsam ins Bett huschen zu dürfen, später als gewohnt,
das allein ist es wert. Die Waldsiedlung hat keine Stra-
ßenbeleuchtung, so ist es einmal ganz richtig dunkel. Und
so still. Kinder lauschen gern in die Stille. Dann hören sie

ihr eigenes Herz klopfen, ihren Atem, fühlen, wie sie ein bißchen zittern, weil alles so anders ist. Sie schauen in den Nachthimmel, stehen dicht zusammengedrängt vor der Tür, fühlen den kühlen Wind — vielleicht empfindet in solch einem Moment ein Kind so etwas wie eine unbeschreibliche Größe, die es noch nicht verstehen kann, nur fühlen.

Ich wünsche Kindern solche guten Momente. Wir könnten sie ihnen ermöglichen. Es kostet so wenig, nur die Mühe und die gemeinsame Freude. Wenn später im Kindergarten Sternbilder entstehen, auf grauem oder dunkelblauem Papier, dann weiß das malende Kind, *das alles lebt.*

Wenn Bilder entstehen, dann weiß das Kind, daß alles lebt ... Beim Betreten einer Wohnung, eines Hauses, eines Zimmers nehmen wir eine Atmosphäre wahr. Lebt dieser Raum, in dem wir uns befinden? Sagt er etwas aus über den Menschen, der in ihm zu Hause ist? Vor mir sehe ich das Zimmer einer Schneiderin, das Haus eines Sammlers, die Arbeitsstube eines Geologen, die gute Stube eines Bauernhauses, das Amtszimmer eines Pfarrers, die »Bude« einer Studentin, das Zimmer eines alten Menschen und ein Kinderzimmer. Räume werden ein Abbild vom Leben und Arbeiten, vom Wesen und vom Bedürfnis derer, die in ihnen wohnen. Es ist für ein Kind ebenso notwendig, wie für uns, daß Raumgestaltung etwas mit uns zu tun hat, also mit den Lebensbedürfnissen. Wenn wir *Leben als Wandlung und Erweiterung* erfahren, wird sich auch unser Raum wandeln, verändern. In meinem Verständnis heißt Wandlung nicht, wegwerfen und erneuern, auch wenn ein neues Möbelstück, eine neues Bild, ein neues Geschirr große Freude bereiten können. Das Abbild unseres Wesens drückt sich in den hinzugefügten Dingen aus. Ein Stein auf dem Fensterbrett kann mich erinnern an einen besonderen Spaziergang am Meer. Das Bild führt mich in eine Stimmung, die mich zur Ruhe kommen läßt, die Decke hat eine Freundin für mich gestickt, den Leuchter bekam ich von einem Lehrer, »damit mir endlich ein Licht aufgehen möge«. Dinge, die mich erinnern an Situationen, die zur Verbindung werden zwischen Vergangenheit und Gegenwart. *Je älter ein Mensch wird, desto stärker werden die Bilder der Vergangenheit sein Zimmer prägen. Je jünger ein Mensch ist, desto schneller veränderbar muß der Raum sein, in Beziehung zur Gegenwart und Zukunft.* Für ein Kind kann Gegenwart sein das Räuberspiel auf dem Piratenschiff (was auch Bett genannt wird), und die Zukunft wird ein tiefer Mittagsschlaf sein im Bett (was auch Piratenschiff genannt wird).

Der Kindergarten kann nicht Abbild einer einzelnen Erzieherin sein, wird gewiß auch nicht die private Spielwelt für das einzelne Kind sein können. Dennoch wird auch ein Kindergarten zum Abbild. So, wie die Erzieher und Erzieherinnen das Leben verstehen, so werden sie bemüht sein, Räume zu gestalten. Wenn ihnen die ästhetische Bildung für Kinder wichtig ist, dann werden sie achten auf die Ruhe der Farben, die ja im Zusammenspiel mit vielfältiger Kinderkleidung täglich zusammenklingt, sie werden sich bemühen, die wunderbar gewachsenen Formen aus der Natur als Schmuck in die Räume zu tragen, an denen Kinder die Unverwechselbarkeit von allem Lebendigen wahrnehmen können. Es gibt ja ganz kleine Dinge, auf die wir achten können, von denen eine deutliche Wirkung ausgeht für den Betrachter. Zum Beispiel wirken Blumen, die viel Wasser ziehen und zerbrechlich sind, in einem Glasgefäß schön, weil das gläserne Material die Wesensart der Blume unterstreicht. Ein Tannen- oder Kastanienzweig steht in seiner Festigkeit schöner in einem erdbezogenen Gefäß, einer Tonvase oder einem Tonkrug. Solch ein Gefäß hat auch eine Beziehung zum Tisch, zum Regal und zum ganzen Raum. Mit wenig Geldausgabe kann Atmosphäre wachsen, die den Augen wohltut. Gebastelte Werke der Kinder lassen sich gut betrachten, wenn nicht das Küchenmuster einer bunten Wachstuchdecke die Augen ermüdet. Kleine, oft zauberhafte schöne Plastilinafiguren von Kinderhand finden einen sinnvollen Platz in einem flachen Wandregal aus Naturholz. Wenn es in Augenhöhe der Kinder angebracht ist, dann laufen gern die Schöpfer der Kleinplastik immer wieder zu ihrem Werk, um befriedigt zu schauen.

Möbel eines Kindergartenraumes sind vielfach die Träger von Spielsachen und Gestaltungen von den Kindern und Erwachsenen. Einfache, gut durchdachte Formen erziehen das Kind allein im Betrachten und Befühlen. Wände sind Flächen, die verschiedene Funktionen haben. Sie geben dem Mobiliar einen »Halt«, auch optisch; sie sind Träger von Kinderbildern, Plakaten und Drucken aus der bildenden Kunst. Nur selten hilft eine gemusterte Tapete, die Wirkung eines Bildes zu erhöhen. Farbzusammenklänge können spielenden Kindern Ruhe bringen, aber auch Unruhe verbreiten.

Fenster und Türen eines Raumes haben ihre ganz eigene Schönheit. *Ein Fenster ist wie ein Auge für ein Haus.* Kann das Kind aus diesem Auge herausschauen? Die Welt vor dem Haus sehen? Transparentpapier in seinen Regenbogenfarben lockt zum Gestalten. Kleiner, transparenter Fensterschmuck hat etwas vom Verwandeln, vom Wesen des Kindes an sich. Ein Mädchen bemerkte einmal: »Mutter, gut, daß meine Wimpern nicht so lang sind. Sonst könnte ich so schwierig gucken!« So denke ich es mir mit dem Fensterschmuck. Vergleichbar den Wimpern des Auges!

Türen sind Symbole für das Eintreten und Hinausgehen. Die Tür kann ich öffnen und schließen. Die geöffnete Tür lädt ein, die geschlossene birgt mich, oder sperrt mich aus. Kinder erleben Türen in vielfältiger Weise. Mir fällt gleich das Schlüsselloch ein. Ein Schlüsselloch ist der netteste Reiz an einer Tür für ein Kind. In der Vorweihnachtszeit, als die Vorfreude gar zu spannend wurde, haben wir in der Gruppe sehr oft mit dem Schlüsselloch gespielt. Von der Innenseite wird ein winzig kleines Bild

in geringem Abstand an das Schlüsselloch gehalten, von der anderen Seite darf jedes Kind so lange schauen, bis es etwas erkennt. Danach dürfen sich alle das Geheimnis verraten. In unserer Bauweise gilt noch: je älter das Haus, desto schöner die Türen. Wir sollten uns diese schönen Werke der Handwerkskunst zunutze machen, solche Türen nicht bekleben, nicht verbauen. Sie sind Abbild unserer Geschichte und Kultur.

Wie erfreulich ist es, *wenn eine Tür vom Innern des Kindergartens auch in den äußeren Garten führt.* Auch ein Hof ist schon ein Gewinn. Die kleinste Fläche, wenn sie nur zum Nutzen des Kindergartens werden darf, bringt Kinder wieder in die Wahrnehmung von Innen und Außen.

Garten- und Hofgelände, sicher geschützt, ermöglichen Kindern, Türen eigenständig zu benutzen. Im Gruppenraum spielen einige Kinder weiter, weil sie noch ganz intensiv beschäftigt sind, während andere schon allein ihre Jacken anziehen, draußen spielen dürfen, unter der Obhut einer Mitarbeiterin, die im Garten Verantwortung übernimmt. Es ist für die alltägliche Atmosphäre wichtig, wenn die Vielzahl der Kinder abwechselnd die Innen- und die Außenfläche nutzen können. Lange Warte- und Anstellzeiten können verringert werden und auch die tägliche Überforderung der Erzieherin, in kurzer Zeit »alles auf einmal« machen zu wollen.

In einem Stadthof wächst gewiß nicht die Üppigkeit, doch Knöterich, Birken, Wilder Wein, Immergrün wachsen mitten in der Steinwelt, ranken sich dem Licht entgegen. Kapuzinerkresse wächst in Töpfen und an schmalen Erdstreifen. An der Südseite, am Zaun oder an der Hausmauer gedeihen Sonnenblumen. Mit nur ein paar Pflanzen allein zieht man Getier heran. Der Baum bietet Platz für ein natürliches Vogelnest, für einen Nistkasten. Im Herbst spielen Meisen an den Köpfen der Sonnenblume, unter dem dichten Grün huschen Erdmäuse, und Blumen locken einfache Arten der Schmetterlinge in die Stadt. Diese kleine, einfache Welt ist eine Bereicherung. Kinder entwickeln ein Verhältnis zu ihr, das anders ist, als zu einem Park. *Es ist näher, dichter,* verbunden mit Pflege; so wird es zum alltäglichen Bereich, zu einem Vertrauten.

Ein freies Gelände mit viel Platz bietet natürlich Chancen, ein Stück Natur direkt in den Kindergartenalltag einzubeziehen. Wo noch Erdreich zu betreten ist, sollte es nicht mit Gehwegplatten oder gar Beton »praktisch« gemacht werden. Eine Terrasse, die mit Steinen, Gartenfliesen oder Platten gelegt ist, lädt zum Aufstellen von Tischen und Stühlen ein, hat Platz für die Frühstücksecke in der warmen Jahreszeit. Mit einer Pergola, die zur grünen, blühenden Wand wird, kann sie zur ruhigen Ecke des Gartens werden. Im übrigen sollte so ein Gartengelände *natürliche Spielanregungen* haben. Möglichkeiten, im Sand zu spielen, gehören zuerst dazu. Sandkästen müssen nicht quadratisch sein. In einem solchen Garten sah ich eine Sandanlage, da wand sich zwischen zwei Sandbereichen ein schmales, in Beton gebettetes Flüßchen. Darüber führte ein Holzsteg. Bei Bedarf konnte diese Wassermulde gefüllt werden. Die jüngeren Kinder holten sich Näpfe und gossen es in Eimer, ein Hin und Her von Wasser und Sand. Die älteren bauten Burgen, nutzten das Wasser zum Befeuchten, ließen Faltschiffe schwimmen und bereicherten so ihr Spiel. Der Weg über die schmale Brücke war nur einem Kind möglich. Für viele Mutproben und Spielideen war sie Anreiz. Wege, die sich schlängeln, die zwischen der Rasenfläche breiter und wieder enger werden, zu einem Platz führen und weiter verlaufen, bringen nicht nur ein optisches Raumgefühl, sie bereichern die Phantasie des Kindes. *Auf Wegen, die in eine Mitte hinleiten,* die zu einem besonderen Ruheplatz führen — das kann ein Findling sein, eine Bank, ein Hügel —, *kann ein Kind zu sich selber finden.* Ein kleiner Berg, der kann künstlich angelegt werden, gibt die Möglichkeit, hinaufzusteigen und wieder hinun-

terzusausen. Von dem Empfinden, *sich erheben zu dürfen,* habe ich berichtet. Eine nur geringe Erhöhung verändert den Blickwinkel, verändert die Atmung des Kindes, stimuliert die eigene Befindlichkeit.

Beete für Küchenkräuter und Blumen, selbst eine sehr kleine Anlage, vermitteln Kindern etwas vom Werden und wieder Vergehen. Ein wildes Wiesenstück lockt zum Beobachten, welche Vielzahl von Gräsern und Kräutern es gibt, zudem ist es noch eine Hilfe, dem Kleingetier einen Lebensraum zu erhalten.

In einem so großzügig angelegten Gartengelände für Kinder ist es nicht schwierig, sinnvolle Spielutensilien anzubieten. Das natürliche Spielangebot geht in der Wertigkeit dem konstruierten voran. Zum Klettern bevorzugen wir Naturmaterialien, wie Holz, natürliches Gestein, Seile. Ich empfinde metallene Klettergerüste als eine Notlösung und zudem noch als eine nicht ungefährliche. Andererseits weiß ich, daß es oft der einzige Ort ist,

klettern, schwingen und herabsteigen zu können. In jedem Falle gilt: Der kleinste Hof kann zum sinnvollen
Spielplatz für wenige Kinder werden, wenn ein Erzieher
das Spiel anregt, bewußt beobachtet, spielpflegend wirkt.
Der schönste Garten könnte Zerstörungswut auslösen,
wenn diese pflegende Zuwendung fehlt. »Du bist mein
Vorleber!«, sagte ein Kind.

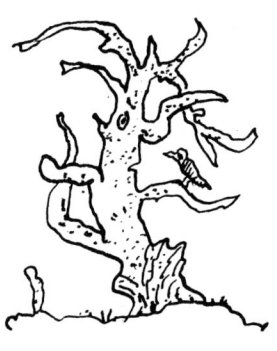

Der Kindergarten als ein Ort der Sprachpflege

Wir sprechen immer wieder von der Ganzheitlichkeit der kindlichen Wahrnehmung. In diesem Wort steckt »für wahr nehmen«. Ist uns bewußt, welche Verantwortung wir haben, wenn das Kind für wahr halten soll, was es an uns erlebt? Sprache ist Lautmalerei unseres Denkens, unseres Verstehens, unserer Gefühle. Die Sprache ist wie ein Boot, beladen mit Eindrücken, die von außen kommen, mit dem geistigen Erkennen und mit den Gefühlen, die seelisch in uns wachsen.

Dieses »Sprache-Boot« kann ruhen, ganz sanft dahingleiten, schnell, wie vom Motor getrieben, davonpreschen oder mit Windsegeln bewegt sein. Um in diesem Bild zu bleiben: dann wäre ein Gespräch eine Bootsregatta. Jedes Spracheboot hat einen eigenen Kapitän, den Charakter, die Wesensart, die Individualität des Menschen. Immer gibt es kleine und große Kapitäne, kleine Boote und richtige Schiffe, große, schwer beladen. Das Bild führt noch weiter:
Ein Fluß ist der Alltag. Der fließende, richtungweisende Tag, mit allem, was wir an seinen Ufern entdecken. Dabei wird ausgeladen und Neues eingeladen. (Sie werden Kinder vor Augen haben, wie sie aufnehmen und abgeben, mitteilen, was sie entdecken.) Ein solcher Fluß fließt auch durch einen See. Dieses Bild der Erweiterung steht für einen Gesprächskreis, offen für alle größeren und kleineren Boote. Sie haben ein »Sprachetreffen«, dabei darf jedes Boot Inhalte anbieten, sich zurückhalten, aufnehmen oder entladen. Aber keines sollte das andere »anrempeln«, ihm Schaden machen. Nach diesem Treffen

könnten Bootsladungen ausgetauscht sein, geklärt sein. Neue Reiseziele sind entdeckt, Gesehenes, Erlebtes ist besprochen. Der Alltag fließt weiter.

Boote müssen gepflegt werden, sonst erschweren wir ihre Funktion. Soweit das Bild vom Gespräch, vom Sich-Mitteilen. Das Kind hört schon im Mutterleib Sprache. Es ist ein rhythmisches Vertrautmachen im Tragen, Wiegen und Sprechen. Stellen Sie sich vor, eine Liebesbeziehung zum Kind wäre nicht gewachsen. Eine Stimme ohne Wärme spricht Worte, die kommen kalt an. Sie tragen nur geringe Lebenskraft. Unbewußt beginnt das Kind, sich davor zu schützen. Es »verschließt« sich, damit die Worte nicht wehtun. Solche belasteten Kinder haben eine Sprache, die krank wirkt.

Kinder, die berichten wollen, ohne daß ein vertrauter Mensch wirklich zuhört, fühlen Eile und Unsicherheit. Häufige Wiederholung dieser Erfahrung lassen Sprachhemmungen entstehen. Ein sprachgehemmtes Kind, ein »sprachloses« Kind, sie brauchen noch nicht gleich das »Treffen im See«, im größeren Kreis — hier kann das Bild vervollständigt werden —, sie brauchen am Rande

des Flusses kleine Buchten. Stille Gewässer zum Ruhen, in denen nach und nach der Mut wachsen kann, das kleine, unsicher beladene Boot frei schwimmen zu lassen. Solche »Teich-Situationen« sind wie eine Heilmöglichkeit für verletzte Kinder.

Wir erleben täglich die unterschiedlichsten Kinder, die mit ihrem Wesen und mit ihrer Sprachfähigkeit uns zeigen, welche Art von Erfahrungen sie machen konnten. Neben dem Elternhaus ist der Kindergarten ein bedeutender Raum für die Pflege der Sprache des Kindes.

Kommunikation beginnt schon mit dem Guten-Morgen-Sagen. Ich bin für das Kind Begleiterin für viele Stunden. Kenne ich mich? Kenne ich die Gefühle, die ich habe, wenn ein bestimmtes Kind vor mir steht? Kann ich mir eingestehen, weshalb ich es mag oder nicht mag? Genauso kommt mein Sprachboot beim Kind an. Rempeln wir uns? Mein großes Boot rempelt das kleine?! Vielleicht sogar rempelt es das verletzte, das sowieso schon ein Leck hat, weil es in seinem Hafen zu wenig Pflege bekommt?!

Die Neigung, die ich zum Kind empfinde, wird erlebbar in meinem Gesicht, in meiner Körpersprache, in dem Klang meiner Stimme. Ein Kind kann nur an mir wachsen, sich an mir bereichern — und dazu bin ich als Pädagogin ja da! —, wenn ich mich um Echtheit bemühe.

Wie wichtig ist uns allen die Pflege der Sprache? Versuchen wir, dem Kind wirklich auf die kleinen Ohren zu gucken, damit wir ihm Worte, Bildersätze anbieten, die da in die Muscheln hineinpassen?

Haben Sie schon einmal an einer Meeresmuschel gelauscht, wie das darin rauscht? So nimmt das kindliche Ohr unsere Worte auf. Die Augen nehmen unser Gesicht wahr, und sie nehmen wahr, wie wir meinen, was wir sagen.

Ein lustiges Erzählen kann Wörter haben, die nicht sofort verstanden werden, zum Beispiel: »Der Wind benimmt sich heute wie ein jämmerliches Jammergerassel! Ein Baumfetzer!«, doch bildet das Kind zum Klang eine Art Verstehen! Es entwickelt an solchen Brocken Lust aufs Sprache-Ausprobieren. Ganz müde, langweilige, tonlose Sprache läßt das hörende Kind unlustig werden. Ebenso, wenn sehr intellektuell gesprochen wird und *keine Bilder beim Hören entstehen können.* Soll dem Kind — vielleicht unbewußt — vermittelt werden: »Ich bin klüger. Ich mache mir nicht die Mühe, daß du mich verstehst.« Gleichbedeutend: »Ich nehme dich, Kind, nicht ernst.»? Zwei Situationen, die ich erlebe:

Ein Kind erzählt der Erzieherin etwas. Diese Mitteilung wird aktiv gehört. Der Körper des Erwachsenen neigt sich nach vorn, begibt sich in die Augenhöhe des Kindes, oder legt behutsam die Hand auf die Schulter des Kindes. Dabei geschieht der Austausch: das kleine Boot gibt dem großen eine »Sprache-Ladung«, gefüllt mit Fragen, Gedanken, echten Mitteilungen aus dem Lebensbereich des Kindes. Das große Boot nimmt es hörend auf. Es gibt aus seiner Ladung ab, füllt in das kleine Boot, wonach der Kapitän verlangt. Hier sind Körpersprache und Haltung echt. Das Kind kann wachsen.

Die zweite Situation

Ein Kind fragt etwas, teilt von seinem Kummer mit, zeigt Unsicherheit. Die Erzieherin hört, doch sie öffnet nicht das innere Ohr. Nimmt nicht wahr. So wird auch die Antwort eine Notladung für das kleine Boot. Keines von beiden ist bereichert. Die kleine Ladung erreicht nicht vollständig das große Schiff, manches fällt daneben. Die leeren Worte, die zurückgegeben werden, treffen nicht auf echte Aufnahme. Dieses Gespräch fällt ins Wasser — buchstäblich.

Macht ein Kind diese Erfahrung recht oft, dann ist sein seelisches und geistiges Wachsen behindert, es verliert den Mut, sich mitzuteilen. Es ist wie in einem Teufelskreis. Weil das Kind oft Unechtheit und geringe·Zuwendung erfahren hat, wurde es verkrampft, trotzig, sprachunfähig. Und weil es sich nun so verhält, kann der Erwachsene nur mühevoll mit diesem Kind umgehen. Das Zuwenden fällt dann schwer. Beiden ist nur zu helfen, wenn den ersten Schritt aus diesem Belastungskreis heraus der erwachsene Begleiter tut. Er kann es sich bewußt machen. Das Kind hat diese Kraft noch nicht.

Jeder Tag ist ein Fluß für kleine und große Boote. Jeder Tag hat reich gestaltete Ufer. Wir haben die Chance, all die kleinen Boote im Blick zu haben. Wir werden sehen — sie wachsen, bilden festeren Boden und werden tragfähig.

84

Kommunikationsmöglichkeiten
im Kindergarten

Die fließende Alltagssituation
— Alltägliche Fragen und Antworten
— Frühstücksgespräche
— Spaziergangsituationen
— Der Dialog mit einzelnen Kindern während des freien Spiels
— Gespräche beim Begrüßen und Verabschieden
— Erlebnisbericht von zu Hause, von unterwegs
— Sich zurufen
— Ausgesprochene Erwartungen, Ordnungen für den Tag
— Erklärungen
— Zurufe aus Vorsicht, Gefühlsäußerungen
— Streicheln, Winken, Zwinkern, scherzend sich buffen
— Mit den Augen an etwas mahnen, erinnern, beruhigen

Die besondere Gesprächskreissituation
— Erarbeitete Themen, die viele interessieren
— Gespräche, die etwas lösen helfen sollen
— Gespräche, die ein Erlebnis, eine Geschichte, einen Film usw. vertiefen helfen sollen
— Berichte, die den Zuhörenden Erlebnisse bildhaft machen (z. B. Ferien, Ausflüge, Besuch usw.)
— Gespräche über Faktenwissen, zum Beispiel, was kennen Kinder aus den Bereichen Baustelle, Feuerwehr, Wassernot, Krankenhaus, Naturgeschehen, Wetter, Straßenverkehr, Arbeitswelt der Eltern und dergleichen mehr.

Die helfende Gesprächsform

— Die Erzieherin mit dem Kind in der lockenden, aktiv zuhörenden Haltung

— Mutmachende Gesten durch vorsichtige Berührung des erzählenden Kindes (Streicheln am Arm, Stupsen auf die Nase, Halten der Kinderhand, *ohne festzuhalten*)

— Spielend erzählen lassen, mit Hilfsmitteln, die aus dem Erlebnisbereich des Kindes kommen (sprachgehemmte Kinder nutzen gern Gegenstände, wie Spielzeugmobiliar und kleine Puppen, mit denen sie Erlebnisse nachspielen können und diese mit Worten begleiten. Die Sprache des kindlichen Körpers spielt eine große Rolle in dieser Kommunikation).

— Zwei Kinder im Gespräch, frei von Hemmungen durch Zuhören

— Gespräch beim Spaziergang, an der Hand des kleinen Begleiters spürt man den Druck und die Intensität, die Worte vielleicht nur unzureichend ausdrücken können. Beim Gehen lösen sich in erstaunlicher Weise Verkrampfungen der Sprachfähigkeit, wenn wir den kleineren Schritt des Kindes beachten.

— Die Erzieherin erzählt von ihren Erlebnissen ganz bildhaft, ganz einfach. Dabei zeigt sie ihr Gefühl, ist frei von Ironie oder So-Tun-als-Ob.

Diese differenzierten Formen der Kommunikation fließen im allgemeinen ineinander. Das Wesentliche bleibt, daß Kinder und Erwachsene miteinander reden, sich mitteilen, sich erleichtern dürfen und neue Anregung aufnehmen. Sprachpflege kann dann für uns Begleiter heißen: Wir achten auf die Worte, die wir sprechen, auf die Art, wie wir etwas mitteilen. *Wie oft benutzen wir »Unterseeboote«, die für das hörende Kind nicht an die*

Oberfläche des Begreifens kommen? Wieviel Freude haben wir selber am Gebrauch der Sprache? Wie spürbar sind wir verwurzelt in einem Sprachraum, der eine Landschaft widerspiegelt? Mir gefällt es gut, wenn Kinder beides erleben können — eine für alle verbindliche Kultursprache und dazu den Dialekt einer bestimmten Gegend. Er ist ja Ausdruck des Zuhauseseins. Das Gemüt eines Menschen, sein Leben in den ganz kleinen Bereichen seiner engsten Umwelt drückt sich am dichtesten aus in seiner Heimatsprache. Eine nicht böse gemeinte Frechheit verliert das Ungefährliche, wenn sie auf hochdeutsch gesagt wird. Ein Witz lebt meistens von seiner Sprache, die zur bewitzelten Menschengruppe gehört, und solche Witze sind ohne Bissigkeit, wenn sie im Dialekt bleiben. Auch bestimmte Ausdrücke behalten überhaupt nur ihre Daseinsberechtigung im Dialekt. Ich muß immer wieder lachen, wenn ich an meine Mutter denke, sie wollte nämlich Freunden berichten, was wir Schönes erworben haben, wagte jedoch nicht, gar so flopsig zu sprechen und sagte: »Wir haben einen Apfelkahn.« Das Gelächter von uns Kindern verteilte sich über Jahre. Sie hat es nie wieder ausgesprochen. Inzwischen gehört der Äppelkahn schon lange ins Reich der Erinnerung. Mit dem Lachen ist es so eine Sache. Eine starke Persönlichkeit wird mit solchem Spott spielend fertig. Bei geschwächten Persönlichkeiten, besonders bei Kindern, sollten wir behutsam sein. Es geht zu schnell, einem anderen Menschen durch die eigene Taktlosigkeit den Mund zu verschließen. Sie werden es nachfühlen, wenn man sagt: »Ich war sprachlos.«

Und wieder leben Eltern und Pädagogen mit und zugleich voraus; denn sie formulieren ihre Lebenserfahrung, bieten Gehäuse an für den Inhalt, den das Kind erfassen will und dann im Wort bewahren. Die Stimmlage ist uns gegeben, alles andere darf sich nach unserm Wesen gestalten. Sinnvolle Inhalte werden auch von leisen Worten weitergetragen. *Kinder können wir zum Zuhören erziehen durch das bewußte und gezielte Ansprechen, was immer in Beziehung geschieht.* Lautes, klangloses Reden über die Köpfe hinweg zeigt sehr deutlich, das dieser Mensch die Beziehung verloren hat zu denen, die er mit Worten zu erreichen versucht.

Geschichten für Kinder sind gut erzählt, wenn sie im Kind beim Zuhören Bilder entstehen lassen, beim Erzählen oder beim Vorlesen werden sie lebendig. Arme Texte kann man eben auch nur mit großer Mühe gut erzählen. Wir sollten sorgfältig auswählen.

Gedichte für Kinder sind auch Träger von Bildern. Ihre Besonderheit ist die sprachliche Verdichtung, ihre rhythmische Form. Das Kind hat viel Gewinn an dieser Verdichtung, weil es beim Sprechen und Hören den eigenen Atem in diesen Rhythmus hineingibt und zugleich Lust auf solche Wortbündel, Wortbauten bekommt. In einem Gesprächskreis kann so ein Gedicht inhaltlich sehr groß werden, und gleichsam wie ein Zauber schlüpfen die Gedanken wieder in die strenge Gedichtform hinein.

Lieder bereichern die Sprache noch um die Melodie. Sie sind wesentliche Begleiter im spielenden Alltag des Kindes. Lieder erzählen vom inneren Erleben und vom äußeren Wahrnehmen in einer verbindlichen Form. Sie tragen den Geist und die Kultur einer Zeit in sich, sprechen von Sehnsucht und Hoffnung, von Trauer und von der Freude. Sie nehmen Spiele in ihre Melodie hinein, helfen dazu, daß das singende, tanzende Kind die Bewegung der Welt erleben kann und sie begleiten in ihrer wiegenden Ruhe das ermüdete Kind in den Schlaf. Immer dann, wenn Sprache in eine Form gebracht wird, gesammelt ist, hilft sie dem Kind in seinem Bemühen, seine vielen Entdeckungen und Erlebnisse, Empfindungen und Gefühle in eine Ordnung zu bringen. Dieses Sich-Sammeln ist lebensnotwendig für eine harmonische Entwicklung. Dafür können wir in großer Vielfalt Hilfe geben, Hilfe, die wiederum zum Spielen anregt. Wir sollten danach auf die Suche gehen! Zum Zubinden dieses Kapitels habe ich einen Reim gefunden.

> Hier steh ich auf der Kanzel
> und predige wie die Amsel.
> Da kam die Katz und lacht mich aus.
> Da war die ganze Predigt aus.*
>
> *Volkstümlich*

* Aus: Ich will euch was erzählen. Deutsche Kinderreime. Verlag Philipp Reclam jun. Leipzig 1970, S. 212

Zum Aufbinden des neuen Kapitels diesen:

> Freund Humperding, Freund Plumperding
> die kauften sich ein Haus.
> Da werkeln sie den ganzen Tag,
> und abends gucken sie raus.
>
> *v. Bodecker*

Gruppenräume und ihre Einrichtung

Es gehört zu den besonderen Zugeständnissen der Träger, wenn eine Mitarbeitergruppe eine Kindergarteneinrichtung gemeinsam planen und konzipieren kann. In der Regel findet ein Erzieherteam fertige Einrichtungen vor.

An der Bau- und Einrichtungsweise für Kindergärten in der DDR war eine Orientierung an der Individualität der vielen kleinen und großen Bewohner selten ablesbar.

Verallgemeinerungen, als bewährt empfunden, wurden landauf — landab umgesetzt, vom Bautyp bis zur Größe und Gestaltung der Räume. Andererseits ist es bemerkenswert, wie viele Einrichtungen entstanden sind, um Kindern Begleitung und Fürsorge geben zu können. Das Kind war im Blickfeld der Gesellschaft. Die Erstarrung der Außenstruktur einer Gesellschaft muß sich widerspiegeln in ihrer Bau-, Wohn- und Lebensstruktur. Das kann nicht ausbleiben, es wird nur gemildert durch den Mut und die Kreativität starker Persönlichkeiten. Über die Gefahr der Vereinheitlichung im Denken, Verordnen, Gestalten und Bauen werden wir noch lange nachdenken müssen. Unüberschaubar viele Rastersysteme aus Köpfen und Wohnvierteln müssen gelockert, individualisiert werden. Ich bin mir dessen bewußt, daß keine Gesellschaftsform ganz davon befreit ist. Immer wieder wachsen Menschen heran, die, kraft ihres Amtes, Machtstrukturen manifestieren wollen. Sie finden mit ebenso großer Sicherheit ein Feld von Ja-Sagern. Das Ja-Sagen, verstanden als eine Lebenszusage, die aus der Freiheit eines mündig gewordenen Menschen erwächst, hilft, eine Gesellschaft zu verändern. Resignation von müde gewordenen Menschen läßt Prägungen erstarren. So kann ein helfendes Ja nur in Beziehung stehen zu meinem Verständnis von Freiheit, von der Würde des Menschen, vom Sinn des Lebens. Unter dem Gesetz der Polarität muß sich zu dem bewußten Ja auch ein begründetes Nein stellen. Das macht mein Leben komplizierter, ganz gewiß aber reicher.

Aus einer Sorge heraus versuche ich, meine Gedanken hier deutlich zu machen, nämlich, daß wir aus dem Bedürfnis nach Anpassung neue Hüllen überstreifen, die nicht wirklich mit uns verbunden sind, die nicht mit individuellem Leben gefüllt sind, mit denen wir uns nicht auseinandersetzen konnten. Mir fällt das Beispiel von den zu großen Schuhen ein: Wir sehen an unseren Kindern, wie ihre kleinen Füße wachsen. Wir bemühen uns, ihnen jeweils sichere Schuhe anzuziehen, damit sie beim Gehen Halt haben. Nach und nach erleben wir, wie der Fuß sicher, größer wird und so den ganzen Menschen trägt.

Für unsere Situation muß das Bild erweitert werden: unsere »Füße« sind nicht etwa klein geblieben! Ich denke, wir haben zu häufig mit verkehrtem Schuhwerk zu tun gehabt. Da haben unsere Füße Heilung, Linderung nötig, ehe sie weite Strecken mühelos bewältigen. Jeder wird schauen müssen, was ihm hilft, was ihm »paßt«. Wenn wir uns etwas überstreifen, was uns fremd ist, kommen wir nicht zurecht.

Eine gemeinsame Wirkung von Innen und Außen kann ich mir gut vorstellen. Ich erkenne für mich neue Lebensinhalte, reflektiere Erfahrungen, bringe sie nach außen in Wirkung. Ich erlebe äußere Gegebenheiten, die mich ansprechen, und bin bemüht, sie innen mit meinen Gedanken zu füllen.

Warum habe ich einen so weiten Weg benutzt, um auf Räume für das spielende Kind zu kommen? Weil mein Bild vom Wachsen eines Kindes etwas sichtbar werden lassen muß. Habe ich die Erkenntnis zum Beispiel, daß ein Kind erst durch mein Wirken etwas werden kann, dann wird sich in dem Raum, für den ich Verantwortung trage, ein Schulcharakter ablesen lassen. Habe ich das Bild: Ein Kind soll machen, was es will, ich behindere nur seine Freiheit durch mein Dasein, dann wird man in diesem Raum etwas von Leere wahrnehmen, von Beziehungslosigkeit. Habe ich das Bild vom Kind: Es entwickelt sich in seiner einmaligen Wesensart, möchte in dieser Weise mit uns leben und möchte dieses Leben entdecken, dann wird dieser Raum eine Einrichtung haben, der den *Bedürfnissen des Kindes* nach Entdecken, Ausprobieren, Träumen, Ruhen, Spielen, Gemeinsamkeit und Alleinsein nahekommt.

Das Bemühen einer Erzieherin/eines Erziehers (»du bist mein Vorleber!«), das Kind ganzheitlich zu pflegen, das Spielen zu pflegen, die Sprache und den Umgang miteinander zu pflegen, wird nach und nach sichtbar, ablesbar werden an den Räumen, die genutzt werden können. Nicht neu oder alt ist entscheidend, auch wenn wir uns für alle Kindergärten Großzügigkeit wünschen und gute bauliche und hygienische Voraussetzungen. Die Länder sollten nicht sparen, wenn es um unser höchstes Gut für eine lebendige Zukunft geht! Schon mit geringen Mitteln können sinnvolle Veränderungen in Gang gebracht werden. Gemeinsames Nachdenken im pädagogischen Team, die Ideen einer jeden Mitarbeiterin werden zum Bündel von Möglichkeiten. Ohne Kompromisse wird es nicht gehen. Eine Werk- und Malstube, ausgebaut unterm Spitzdach, mit Blick aus einem großen Fenster über Grünflächen, wo Kinder sich wie in einem Zelt fühlen können, muß wohl hier und da ein Traum bleiben. Aber wer weiß? Ideen haben bekanntlich Flügel.

An eine Prüfungssituation muß ich denken. Die Teilnehmer einer Qualifizierung für die pädagogische Begleitung in evangelischen Kindergärten haben sich auf den Tag der praktischen Prüfung vorbereitet. Einen Tag aus dem Leben mit der Kindergruppe, vorbedacht und erarbeitet, aus dem Zusammenhang einer großen religionspädagogischen Planung heraus, sollte das Prüfungsteam erleben. Der Sinn des Spielens, eingebunden in den gesamten Tageslauf, gehört zu den wesentlichen Inhalten der Ausbildung. In diesem Sinne versuchte jede Kinderdiakonin (evangelische Erzieherin), ihren Gruppenraum einmal ganz neu in den Blick zu nehmen, eine Raumgestaltung zu probieren, die den Bedürfnissen des spielenden Kindes so nahe wie nur möglich kommt. Folgende Dinge spielten in der Betrachtung eine Rolle:

— Wie alt sind die Kinder meiner Gruppe, also welche Bedürfnisse überwiegen?

— Gibt es Möglichkeiten für ein gleitendes Frühstück? (An einem Tisch kann gemütlich gegessen werden, während die andern Kinder der Gruppe schon ihren Spielen nachgehen.)

— Kann ein Werktisch immer bereit sein? (Zum Beispiel für das Werken mit Schachteln und verschiedenen Materialien, für Arbeiten mit Klebstoff und Farbe.)

— Gibt es in greifbarer Nähe zu diesem Werktisch eine Sammelmöglichkeit für die Materialien? (Körbe oder Kästen, wodurch dem Kind ein Sortieren möglich ist.)

— Gibt es eine Fläche, wo fertige Papier-, Holz-,

Natur-, Pappewerkarbeiten zur Geltung kommen können?

— Hat der Raum eine freie Fläche für Spiele auf dem Fußboden?

— Gibt es, neben dem Spielzeugregal mit sinnvoller Sortierung, ein Materialregal, das den Kindern selbständiges Nehmen von Malpapier, Farben, Pinseln, Stiften, Läppchen, Scheren, Faltblättern und anderem möglich macht?

— Bietet sich eine Ecke an, in der wenige Kinder Ruhe finden, zum Kuscheln, Regenerieren und Träumen?

— Wo könnte der schönste Platz sein für das Anschauen von Büchern, für das Hören von Musik, von Märchen und anderen Geschichten?

— Können Stühle, Tische, transportable Stellwände benutzt werden für Rollenspiele? (Puppenecke, Kaufladen, Arzt, Zug, Schiff, Pferd usw.)

— Gibt es eine, gegen Kälte isolierte, sinnvoll ausgewählte Bauecke mit dem dazugehörenden Bau- und Spielmaterial? (Damit Bauwerke erweitert werden und stehenbleiben können für späteres kindliches Interesse.)

— Sind die Lichtquellen den entsprechenden Spielfeldern zugeordnet?

— Haben alle Kinder die Möglichkeit, benutzte Materialien aufzuräumen, in Kästen, Schränke, Regale, die erreichbar sind für die Augen und die Hände?

— Gibt es ästhetische Rahmenbedingungen für Bilder, Schmuck, die einen Wechsel ermöglichen, um Themenbereiche und Festzeiten des Jahres zu verdeutlichen?

Ein so intensives Nachdenken über den anvertrauten Gruppenraum hat viele Ideen freigesetzt. Aus anscheinend unlösbaren Problemen entstanden Lösungen, die ermutigen.

In hohen Kindergartenräumen bieten sich zweite Ebenen
an. Ein kleiner Raum entsteht in einem großen Raum,
etwa wie im Bildbeispiel. Oben kann eine gemütliche
Bücherecke entstehen, darunter lebt die ganze Puppen-
und Teddyschar mit ihren kleinen Möbeln und Bettchen.

Unter einem hochbeinigen Schrank oder in eigens dafür gebauten Kästen, die als Raum genutzt werden, können Ställe für Spieltiere entstehen, Garagen für diverse
Autos usw. Das Aufräumen wird so zum Zuordnen und
befriedigt viel stärker, weil das Kind in Gedanken im
Spiel bleiben kann. So schlafen die Tiere im Stall; in der

Werkstatt wird das Auto abgestellt, bis es repariert werden kann (weil der kleine Handwerker gerade mit seiner Gruppe am Mittagstisch sitzt); im Puppenhaus wird nur noch geflüstert, damit die müden Puppen ruhen können. Es ist eine Brücke, die wir dem Kind anbieten, mit dem Aufräumen schon lebendige Vorfreude auf das Weiterspielen verbinden zu können.

Durchdachte Gruppenräume locken Kinder, selbständig zu spielen, erleichtern das Benutzen und Aufräumen von Material und machen es möglich, eine Spielatmosphäre zu schaffen, die weitgehend frei von Hektik bleibt. Wie viele Handgriffe muß ein Erwachsener tun, wenn er sich zum »Geber und Nehmer« von Spielmaterial macht, wenn er Spiele »organisiert«. Diese Zeit gehört in ganz anders gemeinter Weise den Kindern, nämlich dem Begleiten im Zuhören, Beobachten, Mitspielen (bei Bedarf), einer pädagogisch begründeten Spielpflege. Diese Zeit gehört dem Gespräch mit dem einzelnen Kind, dem Wahrnehmen seiner Wünsche, Erwartungen und Probleme und deren Umsetzung in eine dem Kind in seiner Entwicklung angemessene pädagogische Planung.

Das pädagogische Planen

Rings um uns wandelt sich alles,
und wir werden glücklich sein,
wenn wir uns dem Gesetz der Wandlungen
überlassen.
Niemand bleibt, wie er ist,
und nichts bleibt um uns her.
Und wer festhalten will, was jetzt ist,
wird das Glück verlieren.

Jörg Zink

Diese Gedanken sind wie eine verdichtete Beschreibung des Berufsbildes eines praktizierenden Pädagogen.

Im älteren Sprachgebrauch finden wir den Begriff Wandeln noch häufig. Der Wandelstern ist der Planet, der in seiner Konstellation zur Erde uns Betrachtern jeweils ein anderes Blickfeld schafft. Der Wandelmonat, zum Beispiel der April, nimmt uns hinein in alle Wetter und läßt uns den Zeitenlauf in seiner Veränderung zum Bild werden. Wandeln begreife ich als ein Gehen auf einem Weg, der mir Eindrücke schafft, innen und außen. Mit diesen Eindrücken befinde ich mich in Wandlung meines Wesens, meiner Erkenntnis, meiner Lebenszeit. *Ist es nicht wunderbar, daß kein Mensch noch einmal dasselbe erlebt auf seinem Weg? Er ist ein anderer, die Zeit ist anders, jeder Augenblick ist gewandelt.* Uns bleiben aus allem Wandel die Erinnerung und die Erfahrung. Ein Mensch, dem dieses Leben in Verwandlung nicht bewußt werden kann, hat an seinem eigenen Reichtum weniger Anteil. Dann mag Langeweile spürbar werden: Ach, immer das gleiche! Pädagogen für den Kindergartenbereich bringen aus ihren Fach- und Hochschulen einen Handwerkskasten mit, angefüllt mit theoretischem und methodischem Werkzeug, der im Kindergarten zum täglichen Einsatz kommt. *Dieses Werkzeug behält seine Berechtigung, wenn es zum Messen und Erfahren des täglichen Entwicklungsweges des Kindes benutzt wird, nicht aber zum »Festnageln« oder zum »Verformen« des »Werkstoffes Kind«.* Jede Kindergärtnerin, jeder Begleiter in der Kindergruppe wird finden, welches Werkzeug dient, Weg-Erfahrung dem Kind möglich zu machen. Weg als Wandlung verstanden.

Diese *Weg-Erfahrung für das spielende Kind ist Grundlage und Sinn einer pädagogischen Planung.*

Um sich gemeinsam auf den Weg begeben zu können, muß allerlei vorbedacht werden.

1. Wo befinden wir uns?

Eine Situationsbeschreibung entsteht aus vielen verschiedenen Faktoren.

— Wie ist die Altersmischung der Kinder in meiner Gruppe?

— Welche Bedürfnisse (immerwährende und zeitweilig besondere) nehme ich beobachtend wahr?

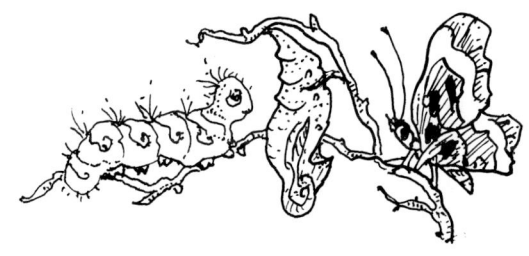

Diese Grafik stellt elementare Bedürfnisse des Kindes dar.

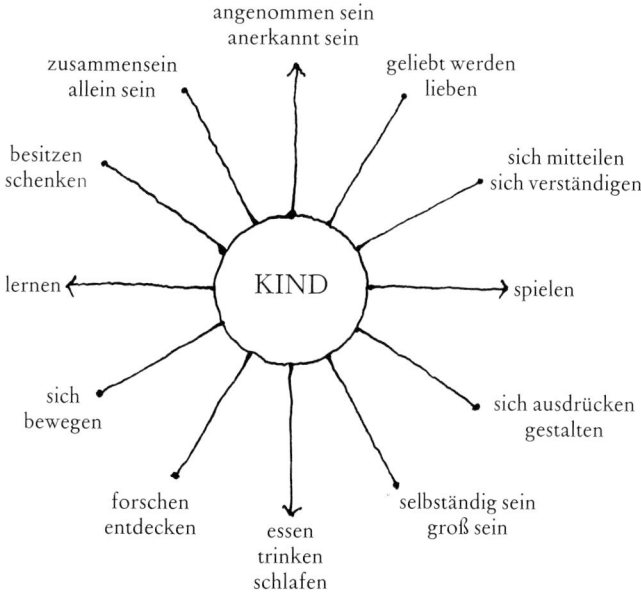

angenommen sein
anerkannt sein

zusammensein
allein sein

geliebt werden
lieben

besitzen
schenken

sich mitteilen
sich verständigen

lernen

KIND

spielen

sich
bewegen

sich ausdrücken
gestalten

forschen
entdecken

essen
trinken
schlafen

selbständig sein
groß sein

— Welche Fragen trägt das einzelne Kind an mich heran?
— Beobachte ich Probleme eines oder mehrerer Kinder?
— Welche Umweltsituation stellt sich dar, die in Beziehung zum Kind, zur Gruppe, zu Elternhäusern oder zum Kindergarten treten? (Kinder erleben zum Beispiel das Bauen eines Hauses in der Nähe des Kindergartens, einen Zirkus, Jahrmarkt usw.; sie tragen Erlebnisse von Eltern, Nachbarn, Freunden und Verwandten in den Kindergarten, diese sind subjektiver und objektiver Art.)
— In welcher Jahreszeit leben wir, wie läßt sich das

Geschehen in der Natur und der Zeit verbinden mit dem sich in Wandlung befindenden Kind?

— Auf welches Jahresfest gehen wir zu? Welche Beziehung habe ich selber zu diesem Fest? Was will ich an guter Tradition bewahren? Was möchte ich gern mit verwandeltem, erneuertem Sinn erfüllen?

— Welche Inhalte der nächsten Zukunft für ein einzelnes Kind oder die Kindergruppe liegen vor? (Krankenhausaufenthalt, Reise, Geburt eines Geschwisters, Gruppenveränderung, neuer Raum, Schulbeginn usw.)

— Welche Spiele der Kinder erfordern Bereicherung, Wissenserweiterung?

— Nehme ich Auffälligkeiten im Verhalten eines oder mehrerer Kinder wahr?

Wenn diese Beobachtung aufgeschrieben wird, ohne in Beurteilung zu geraten, wird das Gesetz der Wandlung offenkundig. Beurteilen setzt ein, wenn mir nach (während) dem Beobachten Schwerpunkte deutlich werden, einmal im Blick auf das einzelne Kind, zum anderen im Blick auf die Gruppe. Diese Zeichen, die auf dem Weg des Beobachtens deutlich werden, sind Grund für eine Zielformulierung für einen neuen Abschnitt in der pädagogischen Begleitung.

2. Ziele für eine Planung

Wohin wollen wir? (Wir: das Kind, die Gruppe, ich)

Zielsetzung heißt:

— dem Kind in seinem Problem einen nächsten Schritt des Verstehens anzubieten,

— der Gruppe Einsicht in etwas Neues, Bevorstehendes zu ermöglichen,

— mich in dem ganz konkreten Fall dem Kind/der Gruppe zuzuwenden, um Lernschritte in Gang zu setzen,

— miteinander auf der Suche zu sein, nach ...

— miteinander nachzudenken über ...

— dem einzelnen Kind nahezubringen, ermöglichen, daß ...

— die Gruppe zu ermutigen für ...

— Kindern und ihren Eltern zu helfen, daß ...

Ziele müssen konkret formuliert werden, weil sie sich auf meine konkreten Beobachtungen stützen und zu diesen in Beziehung stehen. Formulierte Ziele sind jeweils nur kleine Teile, Abschnitte auf dem Weg, den jedes Kind geht. Wir gehen diese vielen Wege ja nicht bis zu Ende mit. (In meinem Bild vom Kind versuche ich, es zu beschreiben.) Ein paar Beispiele zum besseren Verständnis:

Ich beobachte wiederholt, *daß ein Kind Angst zeigt,* wenn Türen zugemacht werden. Mein Ziel soll sein, dem Kind Möglichkeiten anzubieten, *sich mit dieser Angst auseinanderzusetzen.* (Wie mag es dazu gekommen sein? Was kann ich erzählen, vorlesen, zeigen, spielend erfahrbar machen, diese Angst zu lindern?) Mein Ziel wird *nicht* so bedacht: »Das Kind soll sich an geschlossene Räume gewöhnen und lernen, daß es darin sehr gemütlich ist, so hat es keine Angst mehr.« Oder gar für alle verbindlich: »Wir wissen jetzt, daß es dumm ist, Angst zu haben, bloß weil die Tür zugemacht wird.«

Eine zweite Situation: *Ein Kind aus meiner Gruppe verkriecht sich regelmäßig, wenn ich manuelle Angebote mache.* Es mag nicht mit Malfarben malen, nichts formen, nichts schneiden oder kleben. Mit diesem Kind will ich nun schrittweise kleine Ziele stecken. (Woher hat das Kind diese Hemmung bei allem Tun mit den Händen? Sagt es oft: »Ich kann das nicht!«? Hat es in der Gruppe schlechte Erfahrungen gemacht? Neigt es zu Kritik an

Gestaltungen anderer Kinder?) *Gern möchte ich das Kind zu ersten Erfolgen führen, an denen es wachsen kann.* Es soll einbezogen werden in eine Gemeinschaftsarbeit, wo es auf dieses Kind besonders ankommt, ohne daß es Druck haben muß. Es soll in verschiedenen Gestaltungen erleben, daß jedes Kind die Dinge anders sehen darf, daß jedes Kind eine eigene Vorstellung haben kann und daß alle zusammen der erlebten, erfühlten Wahrheit sehr nahekommen. Mit dieser Ermutigung soll nach und nach die Freude spürbar werden, etwas eigenes zu schaffen.

Das Ziel soll *nicht* sein: Dieses Kind wird schrittweise an alle Techniken herangeführt. Es lernt mit Hilfe der Erzieherin, wie ein Kreis geschnitten wird, wie ein Turm gezeichnet wird usw. Dabei erkennt es, daß man sich nicht aus der Gemeinschaft ausklammern sollte, daß man bei gutem Willen vieles lernen kann.

Die letzte Zielformulierung würde bedeuten: Wir machen das Kind zurecht. Nein! Es findet in sich selber die Kraft, es sich leichter zu machen und damit integrierter Teil der Gemeinschaft zu werden.

Ein letztes Beispiel: Fast alle *Kinder der Gruppe leben zur Zeit in »Wolkenkuckucksheim«.* Sie übertreffen und übertrumpfen sich mit Spinngeschichten und *Phantastereien.* Manchmal nehme ich wahr, daß einige Kinder unsicher werden, wenn sie eine klare Antwort suchen. Ihnen fehlt ein Stück der Boden unter den Füßen. Ein Mädchen fragt: »Du! Ist das denn wahr?« Ein Junge ruft, als ich etwas von Bratäpfeln andeute: »Stimmt ja sowieso nicht!« Meine Zielformulierung könnte nun so sein: Das Reich der Phantasie haben die Kinder ganz tief in sich entdeckt. Die Freude darüber will ich bereichern durch Geschichten, Reime und Lügenmärchen usw. Ich möchte erreichen, daß die Kinder an meinem Gesicht ablesen können, ob es Spaß ist. *Wir wollen selber darüber nachdenken, wie es ist, wenn die Phantasie Flügel bekommt. Dem soll sich hinzugesellen, daß die Kinder ganz klare, objektive Zusagen erleben, die sich erfüllen.* Wir wollen in einem Spiel ausprobieren, wie es zugehen kann, wenn keiner mehr weiß, was jetzt die Wahrheit ist. Ich würde gern die Kinder dahin führen, daß sie unterscheiden zwischen Dingen, die wir ganz wahr benennen müssen, damit der andere nicht ängstlich wird, oder enttäuscht ist, und den erdachten Erzählungen und Späßen, die keinen Schaden anrichten. Erst, wenn ein Kind für sich allein entdeckt: »Das ist wahr! Das ist nicht wahr!«, hat es eine Stufe erreicht, die eine Unterscheidung möglich macht.

Es kann *nicht* die Zielsetzung sein: Die Kinder sollen Freude an allen Späßen haben, aber ich will ihnen erklären, was wahr ist und was Lüge ist. Sie sollen lernen, die Wahrheit zu sagen, weil es zu den wichtigsten Regeln des Zusammenlebens gehört.

Daß diese Erkenntnis im Kind nach und nach wachsen kann, ist mein Ziel. Nicht, daß ich es ihm kopflastig erkläre. Alles braucht Zeit, damit es erfahrbar werden kann, vom Kopf übers Herz bis zu den Füßen.

... Es ging ein Krebs auf die Hasenjagd:
Die Wahrheit kommt heraus mit Macht
und bleibt nicht lang verschwiegen.
Es lag eine Kuhhaut auf dem Dach,
die war da hinaufgestiegen.

Eine Kuh, die saß im Schwalbennest
mit sieben jungen Ziegen,
die feierten ein Jubelfest
und fingen an zu fliegen.
Der Esel zog Pantoffeln an,
ist über's Haus geflogen,
und wenn das nicht die Wahrheit ist,
so ist es doch gelogen ...*

Volkstümlich

Bereits beim Lesen wird Ihnen deutlich sein, daß eng neben einer Zielformulierung methodische Schritte ablesbar werden. Das ist auch gut so, es gehört ja das praktische Umsetzen unserer Erkenntnisse unmittelbar zu unserem Beruf. Eine Gefahr liegt in der Umkehrung! Methoden ausprobieren zu wollen und deshalb ein Ziel zu suchen, wofür dann eine x-beliebige, verallgemeinerte Situationsbeschreibung herhalten muß, na, da machen wir den Bock zum Gärtner.

Wir ertappen uns dann irgendwann beim eifrigen Erziehen und Bereichern — aber oftmals an den Kindern vorbei.

Mir selbst ist es anfangs sehr schwer gefallen, meine Ideen zurückzuhalten und erst einmal zu schauen, was Kinder bewegt, welche Wandlungen ihr Spiel verrät und

* Aus: Ich will euch was erzählen. Deutsche Kinderreime. Verlag Philipp Reclam jun. Leipzig 1970, S. 294/295

welche wesentlichen Bedürfnisse ihnen ein Kindergartentag erfüllen muß. *Daß nicht ich es bin, die diesen Tag gestaltet, sondern daß Kinder und Erwachsene gemeinsam diesen Tag erleben,* den ich im voraus bedenken sollte, durch meine Wahrnehmung nahe am Kind, das habe ich übend lernen müssen.

Unsere methodischen Möglichkeiten können ein Gewinn sein, dem einzelnen Kind und der Kindergruppe Lebenszusammenhänge erfahrbar werden zu lassen. Sie motivieren Kinder, auf Entdeckung zu gehen, sie helfen, Konzentration zu fördern und Sehnsucht nach Vervollständigung im Erfahren und Begreifen zu wecken. Eine am Kind orientierte, pädagogisch durchdachte Begleitung, die sich sinnvoller methodischer Hilfen bedient, kann nicht »für alle verordnet« und »zu gleicher Zeit« gut sein.

Beschäftigungen hatten die gesamte Gruppe in eine Erlebnisform gepreßt, ungeachtet dessen, welche Empfindung das spielende Kind hatte, mit welcher Befindlichkeit ein Kind in den Kindergarten kam. Unter falsch verstandenen Leistungsanforderungen verwandelte sich der Kindergarten in ein vorschulisches System, in dem viel zu wenig Raum blieb für die eigentliche Erlebnisform des Kindes — das Spiel. Tisch und Stuhl brachten eine merkwürdige Dominanz in das Leben des Kindes. Von der Belastung für das Kind, das durch diese Zeit keineswegs schadlos hindurchgekommen ist, abgesehen, brachte es auch die pädagogisch gebildete Begleiterin aus ihrer so eigenständig wichtigen Rolle heraus. Sie wurde manchmal sogar im Kreise aller Pädagogen als »die kleinste unter den Stämmen« angesehen. Als hätte die Kindergärtnerin eine Funktion »unter den Lehrern«! Es wird dringende Aufgabe der Gesellschaft sein, aus der »Erzieherin« eine pädagogische Begleiterin ganz besonderer Prägung werden zu lassen, die ihre Aufgabe darin sieht, in Fürsorge und Verantwortung drei- bis sechsjährigen Kindern die ganzheitliche Erfahrung des Lebens zu ermöglichen, in das sie hineingestellt sind. Sie hat die Aufgabe, das Kind zu ermutigen, sein eigenes Maß an Lebenskraft zu erproben. Sie begleitet in dieser Zeit die Mutter/den Vater/die Eltern des Kindes, *indem sie die Eltern teilhaben läßt an dem Reichtum der Wandlung — der Entwicklung des Kindes.* Wenn sich die Brücke zwischen Kindergarten und Elternhaus als tragfähig erweist, wird es sich spürbar auswirken auf den Zuwachs an Vertrauen, das im Leben des Kindes eine *Elementarerfahrung* ist.

Eine sinnvolle Alternative zur Beschäftigung ist das *Angebot.* Wenn mir etwas angeboten wird, bin ich nicht verpflichtet, es zu nehmen. Das ist Freiheit, folgerichtig verstanden. Wenn dem Kind jedoch etwas angeboten wird, das ihm Lust macht, es auszuprobieren, das es ermutigt, es in seine Erfahrungswelt einzuordnen, dann erfüllt dieses Angebot die jeweiligen Bedürfnisse eines oder mehrerer Kinder, ja manchmal auch aller Kinder. Ein Beispiel: Im Gruppenraum spielen Kinder. In der Bauecke sind es fünf, drei versuchen sich am Werktisch, zwei schauen sich Bilderbücher an, drei necken sich und pendeln von einer Spielgruppe zur anderen, fünf sind draußen beim freien Spiel unter der Obhut einer Mitarbeiterin. Ich bin schon an jedem Ort gewesen, habe den Kindern in der Bauecke zu einer Bereicherung verholfen (sie brauchten dringend einen Lastenkran, nun verhandeln sie mit den Kindern am Werktisch wegen Schnur und Haken), habe mir ein besonders kleines Buch gewünscht, das wir leider nicht besitzen (das regte die Bilderbuch-Gucker an, ein ganz winziges selber zu falten, zu erdenken — zu malen). Die drei Pendler haben noch keinen geeigneten Platz für sich gefunden. Aus meiner Planung heraus möchte ich heute gern ein Bilderbuch zeigen. Der Inhalt des Buches vertieft unser Thema (welches ich nach der Beschreibung einer Zielstellung gefunden habe), und dieses Bilderbuch ist besonders großformatig. Die Gegenüberstellung von ganz Kleinem und sehr Großem wäre ein Nebeneffekt, zu dem die »Bilderbuchgestalter« gerade intensiv beitragen. Noch sind sie alle konzentriert, ich gebe noch Zeit, erzähle mit einem der drei Kinder, die sich nicht recht finden können, in der Hoffnung, daß es zwei leichter schaffen als drei. Nun bringe ich meine Wünsche mit ins Spiel. »Überleg doch mal mit«, sage ich zu meinem Gesprächspartner, »wo könnten wir gut sitzen, um uns ein Buch anzuschauen? Es ist ganz neu und ich hoffe sehr, daß ihr es noch nicht kennt.« Das Kind wird vielleicht Lust bekommen, mit mir auf die Suche zu gehen, weil es sich als erstes angesprochen fühlt. Dann schaue ich, wie weit es mit dem ganz kleinen Büchlein gekommen ist, locke ein wenig: »Soll ich warten? Ihr seid gleich fertig, und wir könnten das Büchlein allen zeigen, es paßt ganz gut zu meiner Idee.« »Welcher Idee?« fragen sie wohl. Ich verdreh ein bißchen die Augen, als hätte ich etwas Schönes zu zeigen, mich hören und erleben die zwei Kinder, die noch pendeln, und so kann ich antworten, gleich für mehrere Kinder: »Ich habe ein besonderes Buch mitgebracht, fragt doch mal draußen, ob Johannes, Tanja, Jörg, Susanne und Caspar gern dabeisein möchten!« Wir beginnen, uns

Stühle zurechtzurücken. Manche bemerken es und äußern sich spontan: »Wir wollen dabeisein!« Andere werden nur hochgucken und weiter in ihrem Spiel bleiben. Ich erzähle jedoch allen Kindern: »Schaut bitte einmal her! Wir haben uns Stühle zurechtgestellt und wollen uns ein ganz funkelnagelneues Buch anschauen. Ach nein, zwei funkelnagelneue Bücher! Maria und Nikolaus haben es für uns erdacht. Mein Buch hat etwas zu tun mit unserm anstrengenden Wanderweg durch den Park, am Montag. Wißt Ihrs noch?«

Die fünf Kinder aus dem Garten sind hereingekommen. Das war mir vertraut, ich hoffte es auch sehr. So sitzen wir beisammen und schauen, lachen, arbeiten, grübeln über unseren Büchern, suchen Verbindung zu unserm Wanderweg, entdecken Dinge, die wir im Park richtig erlebt hatten.

Alle Kinder der Gruppe sind es gewöhnt, daß sie sich *entscheiden dürfen.* Meistens schauen sie aus der Spielecke zu, verfolgen den Gang der Dinge und haben es inzwischen gelernt, für diese Zeit ein wenig »gedämpfter« zu spielen. Dieses Aufeinanderachten brauchte eine Zeit der Übung, jetzt versuchen alle Kinder der Gruppe, sich auf diese Weise ernst zu nehmen.

Was wird aus dieser Art der pädagogischen Begleitung ablesbar?

— Kinder, die kein eigenes Tun finden, werden aus der Langeweile erlöst.

— Kinder, die eine Tätigkeit beenden wollen und spielbefriedigt sind, gehen gern mit auf etwas Neues ein.

— Kinder, die noch intensiv spielen und natürlich dabei ihre Erfahrungen machen, können zu Ende spielen, ohne daß ein Spiel abgebrochen werden muß. Sie haben meistens ein Ohr bei dem Geschehen, werden jedoch nicht lustlos.

— Jedes Kind erlebt: nicht immer habe ich Neigung, dies und das zu tun, es wird akzeptiert. Ich achte dann die Kinder, die ungestört dabeisein wollen.

Soziale Lernerfahrung wird zum Alltäglichen. Auch gibt es keinen Grund zur Sorge, einige Kinder könnten sich ständig verschließen und bleiben somit in ihrer Entwicklung zurück. Je herzlicher, offener die Atmosphäre in der Gruppe ist, desto seltener zeigen Kinder Hemmungen oder Blockaden auf Dauer. *Die Entdeckerlust ist ein Hauptwesenszug im Kind.* Diese hervorzulocken, wird sich lohnen. Es gehört jedoch zu den elementaren Bedürfnissen eines Kindes, allein sein zu dürfen, sich einmal nicht zu öffnen. Das darf niemals Anlaß zur Diskriminierung dieses Kindes sein. Auch bei dieser Angebote-Form möchte ich eine Gefahr benennen: »Meine Angebotserarbeitungen konnte ich gar nicht ans Kind bringen. Alle spielten so schön! Sonst hätte ich sie ja zwingen müssen!«

Das gibt es wirklich, daß die mir anvertraute Gruppe eine Phase durchlebt, da sind alle sich selbst genug. Schön, wenn ich es erkenne und eher still begleite.

Wenn diese Aussage jedoch zu einer immer wiederkehrenden Haltung wird, dann steckt Beziehungslosigkeit zur Kindergruppe dahinter, oder ein Unvermögen, zu beobachten und diese Ergebnisse zur Grundlage der pädagogischen Planung zu machen. Um von der Oberfläche der Beobachtung in die Tiefe zu gelangen, halte ich es für sehr hilfreich, Mitarbeiterinnen und Mitarbeiter aus anderen Gruppen nach ihren Wahrnehmungen zu befragen. Das gemeinsame Gespräch im Blick auf die Kinder hilft, einen möglichst objektiven Standpunkt zu finden.

Eine situationsorientierte Rahmenplanung verlangt von einem pädagogischen Begleiter eine sorgfältige Gedankenarbeit. Gewiß ist es leichter, vorgegebene Pläne abzuarbeiten. Doch solche Jahres- und Festzeitenpläne, die für jede Entwicklungsstufe Beschreibungen formulieren und den nächsten Schritt gleich mit der Methode verbinden, sind wie Schubladen, in die man die Kinder steckt (Dreijährige, Dreieinhalbjährige!), sie sind nicht an der Individualität orientiert.

Eine erfahrene Kindergärtnerin und ein geübter Kindergärtner (es gibt sie glücklicherweise schon) werden die Angebote für eine gewisse Zeit (gleitend, etwa zwei, drei Wochen) einem ausgewählten Thema so zuordnen, daß für die Kinder *ganzheitliches* Erleben möglich wird. Bewegung des Körpers im Tanzen und rhythmischen Darstellen, manuelles Tun, Hören und Erzählen, Gestalten, alle Formen der Kreativität, Singen und Musizieren, Erobern und Entdecken, Experimentieren, Träumen und Nachdenken, sich auf ein Fest freuen und diesem Erlebnis nachgehen in der spielenden Erinnerung, alles wird in Verwandlung sein, immer wieder auftauchen, zum Vertrauten werden.

Unser pädagogisches Planen möchte ich vergleichen mit einer Treppe. Natürlich mit einer *besonders angelegten Treppe!* Sie ist nicht fertig, denn ihre Stufen entstehen, wenn die Kinder sie gebrauchen, um höher steigen zu können. Von Stufe zu Stufe ist der Abstand verschieden, breite Flächen geben Platz zum Ausruhen. Schön, wie die Kinder da laufen, steigen, sich setzen, auch gern eine Stufe wieder hinuntergehen, um zu vergleichen, welcher Blick in die Weite sich darstellt. Einige steigen voraus; gut, daß es ein Geländer gibt, um sich festhalten

zu können. Eigentlich hat diese Treppe kein sichtbares
Ende, aber die Kinder, die sie wachsen lassen, aufbauen
helfen, erreichen auf ihr nach und nach eine obere Platt-
form. Dort oben zu stehen, gibt Kindern einen Überblick, der sie sicher werden läßt. Sie schauen nach unten
und nach oben. Und dann am liebsten nur noch nach
vorn! Wohin geht es jetzt? Wir sind groß geworden,
mutig und begierig, Neues zu entdecken! Auf diesem
Plateau feiern wir mit den Kindern Abschied. Sie sind reif
für den Weg in die Schule. Und wenn wir sehen, wie sie
lustig losziehen, wenn wir uns wünschen, sie sollten sich
noch nach uns umschauen, dann sollten wir nicht traurig
sein.

Haben wir ihnen auf all den Stufen genug Zeit gelas-
sen? Haben wir gespielt und geprüft und die nächste
Stufe gebaut, *nach dem Maß des Kindes?* Dann haben sie
keine Sehnsucht nach dem längst Bekannten mehr. Dann
sind sie bereit für alles Neue. Später, ganz gewiß, wird
ein junger Mensch an seine Kindergartenzeit denken,

wird sich erinnern an Spiele und Geschichten, wird in seinen Mal- und Zeichenmappen blättern und sich wundern, wie klein er mal gewesen ist. Aus diesen fröhlichen und ein wenig verwunderlichen Erinnerungen mag dann eine Dankbarkeit entstehen, daß er in der Zeit, wo sein Schutzbedürfnis noch groß war, so liebevoll umsorgt wurde.

Inzwischen sind wir längst dabei, mit einer neuen Kindergeneration neue Stufen zu bauen und sie kletternd erproben zu lassen. Manche Erfahrung wird uns helfen, den einen und anderen Baustein können wir wieder benutzen. Und doch wird eine andere Bauart zu erkennen sein, weil andere Gestalter mitwirken.

Zusammenfassende Gedanken zum situationsorientierten Planen

Zum situationsorientierten Planen der pädagogischen Begleitung im Kindergarten möchte ich abschließend zusammenfassen:

— Das Kind lebt im Kindergarten in einer Spiel- und Erfahrungsgemeinschaft. Dort vollziehen sich wichtige Lernprozesse. Diese werden bereichert durch Vermittlung.

— Vermittlung orientiert sich an der Situation, innen und außen. (Einzelnes Kind, Gruppe, Umwelt, Befindlichkeit, Jahres- und Festzeitenlauf als Bild für das Gesetz der Wandlung; in alles eingebettet, die Sehnsucht des Kindes nach Entwicklung seiner Gestalt.)

— Die *Situationserfassung* in der Kindergruppe ist die Summe der Beobachtungen und Wahrnehmungen und der objektiven Ereignisse, innen und außen.

— Die *Zielformulierung* macht deutlich, welche Schritte möglich sind, dem Kind zu neuer Erfahrung, erweitertem Wissen, Vertiefung seiner Erlebniswelt zu verhelfen.

— *Methodische Umsetzung* ist der Weg, kindgemäß Inhalte anzubieten, die dem gesetzten Ziel nahekommen. Es ist ein fließender Prozeß, der im Ablauf des Tages mit den Bedürfnissen des Kindes verbunden ist.

— Eine gegebene *Zeit* für diese gewählten Inhalte ermöglichen dem Kind vielfache Betrachtung, Entdeckung und Wiederholung gemachter Erfahrungen auf einer ganz bestimmten Stufe (vgl. S. 112: Bild der Treppe, die im Bau ist).

— Ein *formuliertes Thema* kann helfen, die unterschiedlichen Schwerpunkte aus der gegebenen Situation mit dafür sinnvollen Inhalten zu verbinden. Es entsteht ein Rahmen, der vorbedacht ist und täglich individuell gefüllt wird (gleich einem Puzzle: wir bieten Teile an, machen auf Teile aufmerksam, die Kinder fügen »ihr Bild« zusammen).

— Die *Materialzusammenstellung* ist die Sammlung von Mitteln, Medien (Geschichten, Lieder, Bilder, Poster, Gedichte, Tänze, Musik, Erzählungen, Spiele, Bilderbücher, Filme, Kassetten usw.), die dem Thema und der Zielstellung zugeordnet werden können. Sie müssen nicht alle zum Einsatz kommen innerhalb der Planerarbeitung, sie bilden jedoch einen Fundus, aus dem geschöpft werden kann.

— Die *Zusammenstellung der Tätigkeiten* ist die Sammlung all dessen, was Kinder und Begleiter miteinander tun im Blick auf das Ziel hin (Beobachtungsgang an den Teich, Märchen erzählen, Schneelaternen bauen, Wassertropfen-Experiment, Puppenspiel, Malen mit Wasserfarben usw.).

— Diese Tätigkeiten finden sich dann — durch das Thema konkretisiert — wieder in der *täglichen Planung* (z. B. Montag: Wir wollen beobachten, wie lange es dauert, bis ein tropfender Wasserhahn einen Eimer gefüllt hat. Unterdessen biete ich eine »Wassertropfen-Rhythmik« an. Mittags können wir uns die Hände waschen mit dem gesammelten Wasser. Ob wie alle mit einem Eimer voll Wasser auskommen?).

— Nach Ablauf der vorbedachten Zeit muß eine *Reflexion* erfolgen. Inhaltliche Arbeit in Beziehung zur Zielstellung und diese in Beziehung zum Kind werden bedacht. Subjektive und objektive Erfahrungen werden benannt. Hauptgrund der Reflexion: Wie nahe sind meine

Angebote im Tageslauf der Erlebniswelt des Kindes gekommen? Wie gelang es mir, die täglichen und besonderen Bedürfnisse des einzelnen Kindes und der Gruppe mit einzubeziehen?

— Dieses Reflektieren geschieht fast unbemerkt, wenn das Beobachten und Wahrnehmen gepflegt werden. Ein neues Bündel von Situationen wird entstehen, neue Ziele locken andere Inhalte hervor. So steht das Planen unter dem Gesetz der Wandlung.

(Anmerkung: Mit Rahmenplänen in dieser Weise arbeitet die Ausbildungsstätte der Evangelischen Kirche für die Ausbildung zur Kinderdiakonin — evangelischen Erzieherin. Seit Jahren werden die Mitarbeiter in den evangelischen Kindergärten zu dieser eigenständigen Planerarbeit befähigt und ermutigt. Den religionspädagogischen Aspekt, der diese Ausbildung prägt, habe ich hier nur indirekt berücksichtigt, weil ich sehr gern alle Kindergärtnerinnen und Erzieher ansprechen möchte, frei von ihrer persönlichen Weltanschauung.)

Zusammen arbeiten — ist das Zusammenarbeit?

Schauen wir in diesem letzten Kapitel noch einmal aus zwei Blickrichtungen. Stellen wir uns vor, der Kindergarten, in dem unser Kind einen großen Teil seines Spieltages erlebt, stünde im Mittelpunkt unseres Betrachtens. Wir könnten in alle Fenster sehen und hätten Einblick in diese lebendige Welt. *Wir erlebten den Blick von außen nach innen.* Mit dem Wunschauge erleben wir folgendes: In allen Gruppenräumen spielen Kinder. Eine Erzieherin erzählt einigen Kindern eine Geschichte. Eine zweite nimmt ein gelungenes Malblatt entgegen und befestigt es an der Wand, dabei lächeln sich beide an. Eine Gruppe jüngerer Kinder sind intensiv beschäftigt mit Riesen-Pappkartons. Sie dürfen sie mit Fingermalfarben betupfen und schmücken, sie wollen in die Kartonhäuser hineinklettern, um sich zu verbergen. Ihre Begleiterin muß raten, welches Kind in welchem Häuschen wohnt. Dazu mußte sie die Augen schließen, bis alle Kinder »übers Dach« verschwinden konnten. Jetzt muß sie sich sehr klein machen, damit sie nicht oben in die Hütten hineinschauen kann. So tapst sie auf leisen Händen und Knien durch die winzigen Straßen dieser bunten Stadt. »Machen Sie mir bitte die Tür auf?« »Nein! Ich habe doch keine!« »Dann halten Sie doch bitte ihre Hand aus dem Dach, damit ich Sie erkenne!« »Ah! Claudia! An deinem gelben Daumen habe ich dich erkennen können und an deinem Pünktchen auf dem kleinen Finger.« Claudia krabbelt aus dem Karton. Beide sind jetzt auf der Suche. Sie spielen, bis alle sich gefunden haben. Sich verbergen, um sich danach wiederzufinden, ist wichtig und sehr lustvoll. Währenddessen hören wir einer Mitarbeiterin beim Telefonieren zu: »Würden Sie so nett sein und in einer Stunde noch einmal anrufen!? Meine Kollegin ist so intensiv mit ihrer Gruppe beschäftigt, da wäre es ungut, sie zu stören. Danke für ihr Verständnis!«

Die Gruppenleiterin der großen Kinder ruft ein Kind zu sich. »Johannes, kannst du einen Augenblick dein Spiel unterbrechen? Du mußt mir einen Rat geben.« Johannes flitzt zu ihr und fragt: »Was soll ich raten?« »Du sollst mich beraten, welchen Zweig ich abschneiden könnte von unsern Schneebeeren — und einen von der Lebensbaumhecke —, weißt du, ich möchte deiner Mutti so ein Sträußchen binden, weil sie doch gestern mit deiner winzigen Schwester aus der Klinik gekommen ist.« »Warum schenkst du ihr denn Zweige ohne Blätter?« »Na sie soll doch gleich sehen, in welcher Jahreszeit ihr Kind geboren ist. Du kannst ja einen Stern schneiden und bemalen! Den hängen wir daran.« Johannes spürt in sich besondere Vorfreude auf den Nachmittag. »Wird Mutti den Kinderwagen mitbringen?«

Wir haben genug gesehen und erlebt. Gute *Einblicke* haben uns ein Vertrauen ermöglicht, das hilft uns, den Arbeitstag zu bewältigen. Wir wissen: Unser Kind ist angenommen. Es lebt in einer Gemeinschaft, für die eine Gruppe Erwachsener sorgt, den Tag vorbedacht hat und im Tageslauf den Bedürfnissen des Kindes Raum gibt. Könnten wir dieses gute Gefühl auch benennen? Könnten wir einer Gruppenbegleiterin oder dem ganzen Team damit neuen Mut geben, die tägliche, so verantwortungsvolle Aufgabe immer wieder neu zu bedenken und zu meistern? An einem der Fenster, durch die wir blickten, stand einmal ein Korb mit blankgeputzten Äpfeln. Ein wenig darunter entdeckten die kleinen und großen Finder ein Marzipanbrot. An einem Apfelstiel war ein Brief angebunden. Die Kinder »lasen« das Wort danke. Darinnen aber war zu lesen:

> Jeder Mensch hält
> Ausschau nach einem
> Menschen, der ihm
> das Ja des Seindürfens
> zuspricht.
>
> *Martin Buber*

Wie können Mitarbeiter eines Kindergartens sich gegenseitig *im Blick behalten?* Wie können sie sich mitteilen, was sie beobachten, welche Probleme sie haben? Wie ist es möglich, daß ein besonderes Vorhaben gemeinsam bedacht und geplant werden kann, so, daß jede Erzieherin, jeder Begleiter die besonderen Gaben zum Gelingen hinzufügen kann? Was teilen sich Mitarbeiter (die Erzieher, die Leitung, die technischen Mitarbeiter) von ihrem Leben mit? Können sie auf Fairneß und Vertrauen hin wachsen?

Die Atmosphäre eines Kindergartens kann nur leben, wenn diese Fragen nicht aus dem Blickfeld geraten. Eltern spüren den Geist dieser Einrichtung — schon beim Begrüßen.

Eine Leiterin kann am sinnvollsten leiten, wenn sie sich von ihren Mitarbeitern angenommen weiß, wenn sie Gaben und Fähigkeiten erkennt, Verantwortung überträgt und weiterleitet, wo immer das möglich ist. Verantwortung trägt sich ja viel leichter, wenn jeder an ihr teilhaben kann. Das setzt voraus, daß nicht angeordnet wird, sondern gemeinsam überlegt und gemeinsam ein Konsens gefunden wird. Das geschieht im Kindergarten am besten an einem »runden Tisch«. Alle haben an diesem Tisch gleichwertige Rechte und Pflichten. *Die Pflicht ist eine Pro-Haltung zum Kind,* alles möglich zu machen, was in den eigenen Kräften und Fähigkeiten angelegt ist, um Kindern zu einer ganzheitlichen Entwicklung nach ihren Bedürfnissen zu verhelfen.

Es ist Recht und Pflicht zugleich, den Kenntnissen eine Vertiefung, Erweiterung, Veränderung hinzuzufügen; denn es kann von hohem Gewinn sein, in einer Gruppe Lernender seine Fähigkeiten, Begabungen und Grenzen neu zu finden. Im Bereich der Wandlung erfahren wir auch von unserer eigenen Persönlichkeitsreifung. Je sensibler die Empfänger werden, desto klarer sind die Sender zu hören. Jeder Mensch ist zugleich Sendender und Empfangender.

Zu den wichtigen Rechten zählt das Bewußtmachen der eigenen Mündigkeit, die gewachsen ist durch Erfahrung, Kenntnisvertiefung und eigene Anschauung. Mündigkeit, verbunden mit Verantwortung, hilft einem einzelnen Menschen und ebenso der Gruppe und der Gesellschaft. Wenn sie nicht in Verantwortung genutzt wird, sondern zum bloßen Machtmißbrauch verkommt, dann muß der umfassende Begriff »Mündigkeit« neu erarbeitet werden. Ich bin davon überzeugt, daß es nur einen Weg gibt, einem Menschen — sei er Kind oder Erwachsener — zur Mündigkeit hin zur Seite zu stehen: Ich muß seine Einmaligkeit akzeptieren, ihm das gleiche Recht auf Leben in Würde zusprechen, wie mir selbst. Beim Anschauen unserer Fehler, die uns ja meistens erst belasten, nachdem sie uns bewußt wurden, wird es uns nicht helfen, auf diese Fehler hin »festgenagelt« zu werden. Wandlung wird doch erst möglich, wenn uns ein »Ja des Seindürfens« zugesprochen wird.

Vielleicht wird es eines Tages unser schönstes Recht, andern zu verzeihen. Dann könnten wir die beiden Sätze

»Das verzeihe ich dir nie!«

»Das verzeihe ich mir nie!«

zu »Ladenhütern« legen.

Zusammenarbeit, die solchen Boden hat, wird *sendefähig.* Sie hat Platz für Ermutigung, Raum für neue Ideen, Mut zur helfenden Kritik und Behutsamkeit, gemachte Fehler in Neubeginn zu verwandeln.

Zusammenarbeit in einem Kindergarten sendet in zwei Richtungen und empfängt aus zwei Richtungen. Innen sind es die Kinder, die senden und empfangen und damit den wichtigsten Inhalt geben. Zum anderen sind es die Elternhäuser. Das sind die Wünsche und Erwartungen von außen.

Jede Kindereinrichtung ist eingebunden in die gesellschaftliche Struktur, ist zugehörig einer Gemeinde oder einer anderen Trägerschaft. Es ist der größere Rahmen des Sendens und Empfangens. Dieser Aspekt bleibt für unsere Aufgabe auch verbindlich. Eine wichtige Rolle für ein sinnvolles Miteinander spielt die Größe einer Einrichtung. In einem großen Kindergarten, mit vielen Gruppen, ist es kaum möglich, daß sich die Erzieher/Gruppenbegleiter regelmäßig zusammenfinden, um gemeinsam zu planen. Aber auch hier wird es gute Kompromißlösungen geben können, damit sich die Mitarbeiter nicht aus dem Blick verlieren. Wenn Mitarbeiterinnen das Gefühl haben, alleingelassen zu werden, Beziehungslosigkeit bemerken, dann spätestens müßten neben den Gruppenraum-Trennwänden, die ihren Sinn haben, *geistige und emotionale Trennwände* abgebaut werden. Hier sollten mehrere zufassen! Einer allein schafft es nicht! Es gehört zur Mündigkeit, diese sinnlosen Trennwände zu benennen.

Kleinere Kindereinrichtungen haben für das spielende Kind gewiß eine Menge Vorteile. Eine Vermassung, so denke ich mir das, ist gar nicht recht möglich. Die Gruppenbegleiter leben täglich auf Tuchfühlung miteinander, können Erfahrungen austauschen und im Gespräch sein über Vorhaben des Kindergartens, über gemeinsame Erarbeitungen und Probleme. Und doch will auch dieser Austausch in so kleinem Kreis geübt sein, denn der Wunsch nach Frieden und Harmonie deckt schnell Probleme zu, deren Lösung dringend notwendig wäre. Ein Konflikt kann manchmal unter einem Eisberg beträchtlichen Ausmaßes liegen. Er ist sichtbar, aber nicht greifbar. Der Tauprozeß dauert länger, jedoch legt er den Konflikt frei. Mit der Spitzhacke — ich sehe ein, daß sie manchmal die eigenen Aggressionen verringert — würden wir den Konfliktbrocken in lauter kleine Konfliktstücke zerschlagen. Und was tun wir, wenn die wieder wachsen? Gespräche ohne Frost können solchen Bergen am zweckmäßigsten zu Leibe gehen.

Ich habe erlebt, wie hilfreich Gespräche sind, wenn jede Mitarbeiterin eines Teams *Wegzeichen* setzt, an denen sich alle orientieren können: Hier bin ich zur Zeit! Das bewegt mich zur Zeit! Das möchte ich tun! — vorausgesetzt, wir haben das gleiche Ziel und sind nicht auf verschiedenen Wegen.

Innerhalb der Kindergartenaufgabe können solche Wegzeichen sein:

— Ich teile von meinen Beobachtungen den andern mit.

— Ich erzähle von meinen Zielen für eine Planerarbeitung.

— Ich bitte meine Kollegin um Material oder Hilfe.

— Ich biete an, Kinder einer anderen Gruppe mitzubetreuen, damit eine Mitarbeiterin auch einmal über einer größeren Vorbereitung bleiben kann.

— Ich berichte von frohmachenden Erzählungen und Spielen der Kinder meiner Gruppe.

— Ich frage nach Erlebnissen aus anderen Gruppen.

— Ich teile mit, wenn ich mich krank fühle, überlastet fühle oder Sorgen habe (ich bemühe mich darum).

— Ich höre zu, wenn eine andere Kollegin Fragen hat.

— Ich zeige mit meinem Verhalten an, daß mir ein gutes Miteinander um der Kinder und ihrer Eltern willen wichtig ist.

— Ich teile mit, daß ich ein wesentliches Fachbuch entdeckte, was die Arbeit bereichert; wenn Möglichkeiten einer Fortbildung genutzt werden können.

— Ich bemühe mich um Fairneß meinen Kollegen und Kolleginnen gegenüber im Blick auf Gespräche mit Eltern.

— Ich vertrete nach außen in alle Richtungen den Geist der Einrichtung, wenn ich ihn akzeptieren kann. Wenn ich das grundsätzlich nicht kann, versuche ich — das ist meine Mündigkeit — diesen Geist zu erneuern. Durch schlechtes Reden sich zu distanzieren, würde die Atmosphäre vergiften, zumindest aber belasten.

Zusammenarbeit ist auch Arbeitsteilung. Geteilte Aufgaben tragen sich leichter. Die Motivation der Mitarbeitergruppe hängt wesentlich davon ab, ob von der Leitung Aufgaben *verteilt* werden, oder Aufgaben miteinander *geteilt* werden. Es mag ähnlich klingen, doch es ist ein großer Unterschied. Eine Form erzieht zur Passivität, die andere regt zu Eigenverantwortlichkeit und Aktivität an.

An einem Beispiel versuche ich, es deutlich zu machen. In einem Kindergarten leben vier Gruppen (ca. 70—80 Kinder) mit ihren fünf Begleiterinnen (vier pädagogische Mitarbeiter, eine pädagogische Helferin), der Leiterin und der Wirtschafterin. Das Sommerfest wird geplant. Es ist Mai. Alle Kindergruppen leben und spielen mit ihren unterschiedlichen Angeboten, die sich aus dem situationsorientierten Plan ergeben. Ende Juni soll das Fest stattfinden. Alle Mitarbeiter einigen sich auf einen Termin, an dem sie miteinander eine erste Vorplanung überlegen können. Aufgabe für dieses erste Zusammensein: ein jede Mitarbeiterin möge aus ihrer Gruppensituation heraus eine Idee mitbringen, wie sie sich für ihre Kinder ein Fest vorstellen könnte. So entstehen am gemeinsamen Gesprächstisch fünf Kurzkonzepte. Alle beraten miteinander. Welcher Wunsch taucht überall auf? Welche Ideen kommen sich sehr nahe? Wie kommen wir zu einer Mitte? Die Leiterin hört zu, verbindet im Geiste schon Gemeinsamkeiten und hilft, die Ideen auf einen Nenner zu bringen, den alle als sinnvoll empfinden können. (Sie *leitet weiter.*) Ein gemeinsames Thema für den Festtag im Juli wird gefunden. Erste Überlegungen zum Thema werden notiert. Welches Material brauchen wir? Was können die Kinder der einzelnen Gruppen dazu beitragen? Wo werden wir das Fest begehen — im Freien oder in einem großen Saal? Die Mitarbeiter gehen auseinander mit verschiedenen Aufgaben. Eine Mitarbeiterin entwirft eine Einladung für die Familien der Kinder. Eine Mitarbeiterin sucht Lieder und Instrumente, die das Thema lebendig machen können. Ein Mitarbeiter sucht nach einem Text für ein Spiel, welches die Mitarbeitergruppe den Kindern und Eltern zeigen möchte. Eine Mitarbeiterin sucht Spiele heraus und erarbeitet dazu kleine Gewinne. Die Leiterin bedenkt den Zeitplan und überlegt sich Worte der Begrüßung für die Eltern. Die fünfte Mitarbeiterin erarbeitet einen Festweg, der durch das Gartengelände führt, und die Wirtschafterin sucht Rezepte aus für eine besonders nette Bewirtung. Die Idee kam auf, einmal nur vegetarische Speisen zuzubereiten. Die Kindergruppen werden verschiedene Vorbereitungen übernehmen, zum Beispiel Kresse säen, Kekse bakken, Papiervögel basteln und bemalen, die am Festtag an einem Baum am Festweg fliegen. Manches wird sich noch herausstellen, weil ja Ideen auch erst Flügel brauchen.

Zu einem zweiten Termin bringen alle Mitarbeiter ihre Ergebnisse mit, zeigen schon kleine Beispiele und ergänzen im gemeinsamen Nachdenken. So wächst auch die Vorfreude. Keiner ängstigt sich mehr vor dem Druck, den so ein Fest im Alleingang machen würde. *Die Begabungen der einzelnen Mitarbeiter sind gleichberechtigt eingebunden in die Vorbereitung.* Zu gegebener Zeit mögen die Vögel, die am Festbaum fliegen, einen Hinweis geben auf ein mögliches Thema. Ich tue es nicht, weil ich den Gaben und Ideen jeweils sehr eigenen, freien Lauf lassen möchte.

Ein Blick führte uns hinein in die Atmosphäre des Kindergartens. Dieser Blick ist nötig, denn eine Kindereinrichtung lebt im Bereich der Öffentlichkeit. Eltern gehören zur Öffentlichkeit! *Der Blick in die andere Richtung läßt uns aus dem Bereich des Kindergartens herausschauen.* Mit diesem Herausschauen meine ich den Kontakt mit den Müttern und Vätern, die uns ihr Kind anvertrauen. Wie dieser Kontakt gepflegt wird, hängt davon ab, wie wichtig es den Gruppenbegleitern ist, Eltern mit dem Ort vertraut zu machen, an dem täglich viele Stunden ihre Kinder leben. Schon ein Brief, in dem mitgeteilt wird, daß ein Platz im Kindergarten frei ist, kann deutlich machen, welche Wertschätzung Müttern und Vätern entgegengebracht wird. Ist es eine reine Amtshandlung? Oder geht es hier um die Aufnahme eines Kindes in einen neuen, unbekannten Lebensraum?! Eltern, die sich den Kindergarten anschauen dürfen, die ein erstes Gespräch mit der Gruppenbegleiterin haben können, werden sich gewiß nicht mehr so fremd fühlen. Ein Faltblatt, in dem die Festpunkte eines Tages erklärt werden, in dem um bestimmte Ordnungen gebeten wird — um des Kindes willen —, kann von Müttern und Vätern viel eher akzeptiert werden, wenn ablesbar wird: es geht uns um den Schutz des Kindes, um seine Spielzeit, Ruhezeit usw.

Ich halte es nicht für begründet, wenn es Eltern generell untersagt ist, Gruppenräume zu betreten. Der Kindergarten ist doch kein Krankenhaus! Wohl halte ich es für sinnvoll, wenn Eltern hingewiesen werden auf bestimmte Zeiten, in denen es Unruhe gibt, wenn die Türen allzuoft Ablenkung hineinlassen. Besonders wenn Mütter Probleme haben, sich für eine gewisse Zeit von ihrem Kind zu lösen (das gibt es öfter), sollte die Gruppenbegleiterin ihr ein wenig Trost geben und erklären, daß das Kind viel leichter mit der Trennung zurechtkommt, wenn es die »Leine« nicht noch so viele Minuten spüren muß. Eine schöne Gewohnheit ist es in vielen konfessionellen Kindergärten, am späten Nachmittag, wenn der Spieltag ausklingt, alle Zimmer offenzuhaben. Die Mutter, die ihr Kind abholt, kommt mit hinzu, schaut oder spielt etwas mit, lernt dabei Spielfreunde des Kindes kennen, kann mit der Gruppenleiterin sprechen oder mit anderen Mitarbeitern in Kontakt kommen. Es ist auch eine günstige Zeit, eine Mutter um etwas zu bitten: »Würden Sie es möglich machen können, dem Andreas Hosen zu besorgen, die er allein verschließen kann? Es macht ihm mitten im Spiel Ärger, wenn er nicht allein fertig werden kann.« Schön ist es auch, wenn Eltern erleben, wie die Mitarbeiter des Kindergartens mit allen Kindern reden. Sie gukken sich doch so manche methodische Kniffligkeit ab, zum Beispiel, was einem Kind gesagt wird, damit es mit ein bißchen Lust noch aufräumt, oder wie ihm Vorfreude auf den nächsten Tag entlockt werden kann. Es gibt sehr liebevolle, doch unsichere Mütter oder Väter, die solche

Hilfe dankbar annehmen. Besonders, wenn wir das Verhältnis zwischen Kind und Eltern als nicht so liebevoll wahrnehmen, ist unsere Zuneigung notwendig. *Verständnis für ein Kind kann wachsen!* Wir sollten es in solch einem Fall für ein großes Glück halten, daß dieses belastete Kind für viele Stunden des Tages uns anvertraut ist. Immer wieder werden uns Kinder und Eltern mit Problemen begegnen. Wir sollten alle erdenkliche Hilfe hinzuziehen (pädagogische und psychologische Berater), um diesen Kindern Zukunft in Selbstvertrauen zu ermöglichen. Eltern, die innerlich tiefen Anteil an der Entwicklung ihrer Kinder nehmen, sind voller Wißbegierde im Hinblick auf das pädagogische Konzept des Kindergartens. Die Befriedigung dieser verständlichen Wißbegierde ist ein Gewinn zu gleichen Teilen. Einmal macht der Kindergarten in Elternabenden Schritte des sich in Entwicklung befindenden Kindes deutlich und erklärt die methodischen Möglichkeiten, die dieser Entwicklung entgegenkommen. Das hilft Müttern und Vätern, ihre Kinder besser zu verstehen, also auch intensiver zu begleiten. Zum anderen wächst die Zusammenarbeit mit den Elternhäusern, weil Eltern sich hineingenommen fühlen in die lange Zeit des Kindergartenalltags. In meiner eigenen Gruppe habe ich Eltern gern die Werk- und Malarbeiten ihrer Kinder gezeigt und dazu erzählt, wie es zu diesem Stück oder Bild gekommen ist. Besonders Kindermalereien und Zeichnungen sind ja Zeichen dafür, wie das Kind die Dinge und das Wesen dieser Welt sieht und begreift. Immer wieder mußte ich darauf hinweisen, daß es das gar nicht gibt: »Mein Kind kann nicht malen«. Es gibt nur hinderliche Sprüche, wie »Du krakelst ja bloß!« »Ich kann nichts erkennen!« Eltern hören gern zu, wenn das gemalte Bild ihres Kindes Leben bekommt. Sie achten es. Und oftmals wird ein allgemeines Interesse wach an Bildern von Kindern, die in ihrer wunderbaren Phantasie und Unbekümmertheit nur selten von erwachsenen Künstlern zu überbieten sind. Ich meine, daß es dem Kind keinen Gewinn bringt, wenn ihm die eigene Bildsprache genommen wird und durch Schemata ersetzt werden soll. Wie unverstanden mag sich das kleine Kind fühlen, wenn wir ihm beschreiben und zeigen, daß dieser Kreis Ball genannt wird. Ein Ball fühlt sich prall an. Er hüpft und rollt. Ein kleiner läßt sich in die Hosentasche stecken, auf einem großen kann man sitzen. Nach dem Spiel mit Bällen kann doch eigentlich auf dem Malblatt nur diese Erinnerung entstehen. Da hüpft der Pinsel, da platscht die Farbe, da rollt das herrliche Rot in jede Ecke des Blattes. Vielleicht rollt es sich zu einer runden Form. Dann mag das malende Kind rufen: »Da! Mein Ball!«

Die Mutter des Kindes freut sich, wenn ich ihr so das Bild ihres Kindes vermitteln kann. Nicht immer sind wir ja Zeuge des Geschehens, und oft stehen wir selber vor Rätselhaftem. Kleine Notizen zu einem Bild können mit einem Bleistift auf die Rückseite des Bildes geschrieben werden. Kinderbilder mit Kugelschreibern zu benennen und dergleichen mehr, empfinde ich als eine grobe Unsitte. In einem Raum, den die Mütter und Väter regelmäßig betreten, manchmal ist es eine Diele, die Garderobe, hängen Kinderbilder. Sie sind so angeordnet, daß sie als Einzelstück aufgewertet werden. Dazu befestigt die Gruppenbegleiterin einen Text, ein Lied, ein Gedicht, je nachdem, was die Kinder bewegte, diese Bilder anzufertigen. Es kann zu einer guten Sitte werden, auf diese

Weise Eltern teilhaben zu lassen. Dazu gehört auch das Aushängen des Rahmenplanes, damit Eltern eine Hilfe haben, wenn abends ihre Kinder von Dingen erzählen, die zu arg verschlüsselt bleiben. Solch ein Plan — ich möchte es noch einmal betonen — ist kein Schulstundenplan! Er ist *Richtlinie,* er ist Anregung, er ist sichtbar gemachtes *pädagogisches Geleit.*

In Situationsbeschreibungen sollte darauf geachtet werden, daß Problemfälle, verhaltensauffällige Kinder, besonders private Situationen, die einen bestimmten Menschen, eine Familie betreffen, nicht öffentlich gemacht werden. Es ist nötig, sie zu beachten und in die begleitende Arbeit aufzunehmen. Doch gehört es in den Bereich der Schweigepflicht, innerhalb des Elternkreises nichts zu veröffentlichen, was dem einzelnen Kind und deren Familie Schaden bringt. In besonderen Fällen sind Einzelgespräche mit Eltern sehr wesentlich. Die Bitte um eine Gespräch kann von beiden Seiten herangetragen werden. Wenn eine Mutter, ein Vater darum bittet, ist es selbstverständlich, einen Gesprächstermin in nächster Nähe zu vereinbaren. In dem Falle, daß eine Leiterin, eine Gruppenleiterin ein Gespräch mit Eltern wünscht, hat auch die *begründete Bitte* den Vorrang vor dem »Hinzitieren«. Wir machen auch mit solchen Formen deutlich, ob wir uns besonders wichtig nehmen oder objektiv der Zusammenarbeit und der gesamten pädagogischen Begleitung uns verpflichtet fühlen. Mit unserem Beruf ist uns auch eine Macht gegeben. Wir können sie zum Wohle der Familien und der uns anvertrauten Kinder entfalten. Wir können aber auch Mißbrauch mit ihr treiben. Die Entscheidung liegt in unserem Gewissen. In den Jahren meiner Tätigkeit in verschiedenen evangelischen

Kindergärten erlebte ich immer wieder, wie die Liebe der Mütter und Väter zu ihrem Kind sich erst einmal in einer Sorge ausdrückte. »Wird mein Kind bei euch wirklich gesehen?« »Wird es gefördert, und wird es den Weg in die Schule schaffen?« Durch das ganz kontinuierliche Transparentmachen unserer Begleitung im Tageslauf wurde aus der Sorge etwas ganz, ganz wesentliches: *Fürsorge und Verständnis.* Wir konnten Ängste abbauen, die unberechtigt waren, nämlich die Angst, ein spielendes Kind würde nicht genug auf die Schule vorbereitet. Das mag stimmen, wenn die Welt des spielenden Kindes anreizarm ist, wenn Zuwendung und Nähe von verantwortungsbewußten Erwachsenen fehlen. Das ist es eben: den Augen und Wahrnehmungssinnen von Müttern und Vätern müssen wir uns stellen. Was sie an uns erleben, schafft ihnen innere Unruhe und Sorge, ja vielleicht sogar Zorn, oder im besten Sinne Genugtuung und Freude. Daraus wächst eine Dankbarkeit, die wie eine Brücke trägt. Auf dieser Brücke läuft das Kind. Elternhaus und Kindergarten bauen an tragfähigen Pfeilern. Am Anfang geht ein junges Kindergartenkind sehr zaghaft, an der Hand der Mutter, oder an der Hand des mitgebrachten Teddys. Achten wir den Geleitschutz des Bären, weil wir das Kind in seiner Welt begreifen, und achten wir die Familie, aus der heraus dieses kleine Kind erwachsen werden will? Dann hat jeder Tag in unserem Beruf seinen guten Sinn.

> Kein Tag ist verloren
> an dem es etwas zu lieben
> zu lächeln oder zu leiden gibt.
>
> *Johannes Schöne*

Eltern und Großeltern, allen pädagogischen Begleitern, allen Erwachsenen, die einem Kind Freund sein wollen, wünsche ich, daß uns kein Tag verlorengehen möge.

Literaturverzeichnis

Für alle Anregungen aus dem großen Bereich der pädagogischen Fachliteratur bin ich dankbar. Die Zahl der Bücher, die mir besonders hilfreich ist, ist groß. Daraus empfehle ich einige, die dem Verstehen der Entwicklungsprozesse, den wesentlichen Merkmalen der kindlichen Persönlichkeit und dem Charakteristischen im Spiel des Kindes auf der Spur sind.

Bettelheim, Bruno: Kinder brauchen Märchen. Deutscher Taschenbuch Verlag, GmbH & Co. KG, München 1984

Britz-Crecelius, Heidi: Kinderspiel — lebensentscheidend. Verlag Urachhaus, Stuttgart 1972

Dreißler, Hans Herbert: Alltagsprobleme im Kindergarten. Aus der Reihe: Praxisbuch Kindergarten, Verlag Herder, Freiburg 1984

Friedrich, Hedi: Auf Kinder hören — mit Kindern reden. Verlag Herder, Freiburg 1986

Fromm, Erich: Die Kunst des Liebens. Ullstein Verlag, Berlin 1990

Merz, Christine: Im Kontakt mit Eltern. Aus der Reihe: Praxisbuch Kindergarten, Verlag Herder, Freiburg 1981

Meyer, Rudolf: Das Kind. Verlag Urachhaus, Stuttgart 1974

Miller, Alice: Am Anfang war Erziehung. Suhrkamp Verlag, Frankfurt am Main 1980

Sagi, Alexander: Verhaltensauffällige Kinder im Kindergarten. Verlag Herder, Freiburg 1984

Schmidt, Hans-Dieter und Burkhard Schneeweiß: Schritt um Schritt. Verlag Volk und Gesundheit, Berlin 1985

Simonis, Werner Christian: Die ersten sieben Jahre. Verlag Die Kommenden, Freiburg i. Br. 1972

Zulliger, Hans: Die Angst unserer Kinder. Ernst Klett Verlag, Stuttgart 1966

Zulliger, Hans: Heilende Kräfte im kindlichen Spiel. Fischer Taschenbuchverlag GmbH, Frankfurt am Main 1990

ISBN 3-472-00790-7

Einband und Illustrationen: Albrecht v. Bodecker
Gesamtherstellung: H. Heenemann GmbH & Co, Berlin
Printed in Germany, Juli 1991